塞格雷传

朱丹红◎著

时代文艺出版社

图书在版编目（CIP）数据

塞格雷传 / 朱丹红著. —长春：时代文艺出版社，2012.10（2021.5重印）
（诺贝尔奖获奖者传记丛书）

ISBN 978-7-5387-4110-0

Ⅰ. ①塞… Ⅱ. ①朱… Ⅲ. ①塞格雷，S.E.（1905～1989）－传记 Ⅳ. ①K837.126.11

中国版本图书馆CIP数据核字（2012）第182992号

出 品 人　陈　琛
责任编辑　徐　薇
装帧设计　孙　利
排版制作　隋淑凤

塞格雷传

朱丹红 著

出版发行 / 时代文艺出版社
地址 / 长春市福祉大路5788号　龙腾国际大厦A座15层　邮编 / 130118
总编办 / 0431-81629751　发行部 / 0431-81629755
官方微博 / weibo.com / tlapress　天猫旗舰店 / sdwycbsgf.tmall.com
印刷 / 保定市铭泰达印刷有限公司
开本 / 710mm × 1000mm　1 / 16　字数 / 150千字　印张 / 12
版次 / 2013年1月第1版　印次 / 2021年5月第3次印刷　定价 / 39.80元

授奖辞

Award-winning Remarks

确证反质子的存在。

——诺贝尔奖委员会

目录

Contents

附　录

序言

左手科学，右手良知

如果有人问，世界上哪个民族是最会赚钱的民族？人们心中似乎会蹦出一个相同的答案：犹太。犹太人的智慧向来被世人推崇，甚至已有研究者开始分析其中的规律与奥秘。有句俗语说：“三个犹太人坐在一起，就可以决定世界！”这话或许是犹太人自己说的，但这个灾难深重的民族，的确总是显现出更懂得运用智慧。尤其，他们不止创了巨大的造财富，在科学领域，也是佼佼者如云。

从物理学的泰斗阿尔伯特·爱因斯坦，到翘楚现代理论物理学的尼尔斯·玻尔，再到微观物理学的一代宗师恩利克·费米，单从物理学领域来看，就已被他们占去了大片江山。而当1959年，诺贝尔的光环照在埃米里奥·塞格雷头上的时候，这位伟大的核物理学家再次证明了犹太血统的非凡智慧。

1905年，埃米里奥·塞格雷出生在一个叫作蒂沃利的意大利中部城市，他有一个平和温馨的童年，父母慈祥，每天他都可以肆意玩耍，还可以看最爱的《大众科学》杂志。关于祖辈是如何从西班牙被驱逐的，他是长大以后在家族文件中看到的。

世间纷纷扰扰，都无法打扰这个快乐男孩的童年。1914年，弗朗西斯·斐迪南在萨拉热窝被刺，成为第一次世界大战的导火索。而那个早晨，塞格雷像往常一样在斐迪南的庄园里嬉戏，为自己的小菜地浇水，直到母亲呼唤他回去吃午饭。那时，他经常到父亲义务管理的埃斯特庄园与园丁的儿子一起玩耍。

三年后，为躲避战事，塞格雷跟随父母迁到了罗马。

如果说，第一次世界大战在这个男孩的意识中是迷糊而断裂的，到了第二次世界大战，塞格雷已经成长为一个小有名气的物理学家，并与费米、劳伦斯、费恩曼等世界顶尖科学家在一起研究核物理，成了影响战局进程的核心科技力量。

也正是在“二战”期间，国防科技成为每个大国最重视的领域，于是投身军事科技的科学家们开始面临道德的考验。战争伦理危机空前规模地爆发。

读塞格雷的自传，他直言不讳地说：“每个人都有自己的观点和性格。” 是的，与塞格雷同时代的大科学家在政治和专业方面的不同见解及造诣，这些也都被一并记载在科学史上。不过可以肯定的是，这个将毕生精力倾注在科学事业上的人，始终都没有忘记过科学良知。在塞格雷的字典里，个人价值与社会价值没有冲突，他对法西斯的憎恨，等同于他对科学的爱。

塞格雷的一生主要在光谱线的禁戒跃迁、里德伯态、分子束研究、中子慢化、新化学元素的发现以及核子碰撞等广阔的领域取得了丰硕成果。1955年，在加利福尼亚大学实验室，他从能量达千兆电子伏特级的质子同步稳相加速器中，用六十二亿电子伏的高能质子加速实验，从而发现了反质子。这一发现对人们认识物质的本质及其原子核的秘密具有划时代的意义，同时为以后其他反粒子的发现奠定了基础。

由于反质子的发现，塞格雷与张伯伦一起获得了1959年诺贝尔物理学奖。他并不只是用实验推进了新领域的发展，更是探索现代物理理论所作出的各种推测。

科学可以造福人类，也可以毁灭人类，科学家的良知比钻石还要珍贵。塞格雷用他的人生经历将这个真理娓娓道来。

第一章　家庭与成长背景

1. 塞格雷家族

1492年，西班牙政府宣布驱逐犹太人后，许多犹太人奔波流离，辗转来到世界各地，其中迁至土耳其的人居多。在这场迁徙的大潮中，塞格雷家族选择了意大利北部图曼亚的博佐洛，他们在这座美丽的小城里安家落户，开始了新的生活，居住了四百多年。

1905年1月30日，一阵婴儿的啼哭声让焦急踱步的朱塞佩喜上眉梢，他的第三个儿子出生了。按照孩子母亲的建议，埃米里奥·吉诺·塞格雷成了小家伙的名字，埃米里奥是为了纪念她的两个姐妹，而吉诺则是为了纪念朱塞佩的弟弟。在小婴儿渐渐长大之后，他又有了一个可爱的昵称，叫作皮皮。

在这个意大利蒂沃利别墅小区的犹太人家庭里，小塞格雷排行老三，上面有两个哥哥，都比他大十几岁，他的身上凝聚了所有塞格雷家族成员的爱，除了父母兄弟，还包括伯伯和叔叔。

小塞格雷的祖父母在他出生之前就已经去世了，但他们都是高寿。祖父母共有四个孩子，最大的是碧斯姑姑，小塞格雷认为她不太好相处。其他三个都是儿子。

在家人的口中，小塞格雷渐渐听到了不少关于祖父祖母的生活片段，他有时会把那些串联起来，构建起一个完整的故事。

颇有经商头脑的祖父曾经营一个小商店，足以保证全家人的生计不愁。尽管没有见过祖父，但小塞格雷的心里对他充满了钦佩，他不仅生意做得好，还身体强健，擅长各种体育运动，还有一项引以为傲的特长——杂技。

老塞格雷在八十多岁退休之后，他和妻子搬到了安科纳市，和儿子住在一起。据说，这位精力充沛的老头很喜欢把邻居家的屋顶当作杂技舞台，引起众人旁观，也害得孩子们替他捏一把冷汗。他则会满不在乎地哼一声，发牢骚道："要不是你们几个孩子让我操碎了心，我能活到一百岁也不止呢！"

祖母埃格莱·凯瑟是位贤妻良母，因为从小生长在知识分子家庭，受到良好的教育和熏陶，所以举止谈吐都与众不同。她的人缘好到几乎家族的所有人都称赞她，尤其是小塞格雷的母亲，似乎真的把婆婆当成了比亲生母亲还亲近的人，觉得两人之间的每一次相处都很温馨感人。

起初，小塞格雷觉得母亲可能夸大了那种情感，但当他看到了祖母写给母亲的信时，也深深地被其中的理解与信任打动了。信的内容并不冗长煽情，却句句有真意，的确会让读到的人感到温暖。

小塞格雷的伯伯名叫克劳迪奥，对他的一生影响很大。个子不高的克劳迪奥从小就天资聪颖，加上他又肯钻研，所以一直是名优等生。他毕业于帕维亚大学，在意大利宗教歧视的法律被废除以后，他是该学校接收的第一个犹太人学生。

在不间断的苦读之后，克劳迪奥于1876年在都灵大学拿到了他的工科最高学位，随后选择来到巴黎矿业学院学习地质学。最后，他将所学的知识应用到工作领域中，就职于意大利南部铁路公司，做了不少工作程序上的革新与颠覆，使得铁路建设更加科学、安全和高效。在小塞格雷出生的那一年，克劳迪奥在安科纳建立了南部铁路公司试验研究所，同年迁至罗马。

在塞格雷的记忆里，尽管克劳迪奥伯伯的大嗓门显得很聒噪，还时不时会飙出几句脏话来，让周围的人惊出一身冷汗，但他一直觉得伯伯是很优秀的人。

克劳迪奥在新教堂广场拐角处的公寓大楼里租了一套房子，在那时，他就经常代表意大利铁路当局参加国际会议，并且访问了欧洲和埃及的所有地方。这也是塞格雷最崇拜他的地方，这个走南闯北的大伯总是会带给他更多有趣的见闻。

除了言语粗鲁之外，克劳迪奥的另一个特点是终生未娶，他把他的爱都倾注到了几个侄子身上，其中小塞格雷最受偏爱。他常常跑到楼上的伯伯家里玩耍和睡觉，两个人还会一起洗澡，他觉得克劳迪奥伯伯就像是自己的第二个父亲。

塞格雷喜欢伯伯的图书室，那里有他最爱看的百科全书，还有各式各样的地质标本。他如饥似渴地在那方小天地里探索着，毫不夸张地说，克劳迪奥的图书室或许就是培育出这个大科学家的最初温床。

不过，塞格雷也记得伯伯的一件糗事，后来还绘声绘色地把它记载在自己的自传中。

事情的经过是这样的。克劳迪奥伯伯的猫总是到处乱跑，有一次又不见了踪影，消失了几天之后，它又可怜巴巴地转悠了回来，“喵喵”地叫着，声音十分哀怨，好像受了很大的委屈。克劳迪奥猜到它大概是跑到邻居们的屋顶上鬼混了，气不打一处来，心想：还不是你这小家伙咎由自取吗。

大嗓门的克劳迪奥没有多想，高声呵斥道：“你这个小蠢货，谁让你去冒险了？你不知道自己已经被阉了吗？”小猫一脸狼狈，害怕地蜷起了身子。第二天早晨，一位邻居面带尴尬地跟克劳迪奥说：“真是很抱歉，伙计，我并不想探听你家的秘密，可是我必须诚实地说，昨天晚上我听见了你在训斥你的侄子，那残酷的事实让我感到很遗憾，可怜的孩子。”

克劳迪奥瞪大了眼睛，十分吃惊。半晌之后才反应过来，原来是自己的大嗓门和坏脾气惹了祸，使得邻居严重地误会了他的话。他连忙解释事情的真相，证明小塞格雷完整无缺，还是个真正的小男子汉。

与伯伯的性格截然不同，塞格雷的叔叔吉诺为人胆小，处事十分谨慎小心，从不做逾矩的事情。他是一位罗马法教授，从没有名气的学校到知名学府，吉诺按部就班地完成了他的职场进阶之路，最后定居都灵。吉诺拥有很高的国际知名度，甚至还有学校用他的名字来命名。

叔叔吉诺的身形很瘦小，但眼光炯炯有神。小孩子总是会记得一些特别有趣的事，塞格雷记得，叔叔总是叼着半根烟，烟雾弥漫中，可以看得见两撇被烧焦的小胡子，逗趣得很。吉诺经常到罗马出差，所以小塞格雷对叔叔不算陌生，能够常常见到，家里有一个单独为叔叔空出来的房间，还有摆着拉丁文罗马法著作的书架。塞格雷知道，那些枯燥的法律著作是吉诺叔叔的挚爱。

因为吉诺的老实憨厚，他总是分配工作时最吃亏的那个人。如果哪里遇到的问题很难解决，报酬又极低时，他往往就是最佳人选。有时，自己辛辛苦苦取得的成就也会轻易被他人揽了功劳。朱塞佩觉得，自己的弟弟不只收费低，还太容易妥协，也太容易被人利用了，有时会心疼地责备他。但性情是难以更改的，吉诺并没有觉得自己的人生糟透了，仍然乐观地面对着。

吉诺喜欢给小塞格雷讲授民法，比如遗产的章节。不过塞格雷对法律就是提不起兴趣，小孩子哪里能够静下心来聆听那些枯燥的理论呢？相比较而言，他更乐意跟叔叔一起去古罗马遗址广场散步，因为可以听到最详尽的历史细节。有时小塞格雷会产生一种错觉，仿佛和自己一起散步的不是自己的叔叔，而是一位“知识渊博的古代罗马人”。

塞格雷在叔叔身上学到了许多优秀品质，这些对他今后成为一位成功的科学研究者有着不可或缺的意义。比如“什么才是用自己的头脑工作”“怎样才能绝对诚实、耐心、充满激情和献身事业”，而这些都是塞格雷后来从事科学事业所不可缺少的基本素质。

克劳迪奥和吉诺虽然在性格上截然不同，擅长的领域不同，但他们都是极具社会声望的知识分子，后来都成了意大利国家科学院的院士。小塞格雷的父亲朱佩塞就没那么热衷于校园，他没有读大学，高中毕业后，只有十八岁的他就只身离开博佐洛，为马泰伯爵做助理。看来，兄弟三人真是各有各的路数。

朱佩塞显然更具经商的天赋，他边打工边学习造纸和陶艺技术。经验累积到一定程度后，他又先后在著名的吉诺里陶艺厂和卡斯特拉纳等工厂工作。俗话说，水到渠成，当朱佩塞具备了所有成功的经验积累之后，机会终于来临了。一家工农业水利公司在阿涅奈河上大兴水利，建设水力发电和灌溉工程，朱佩塞被雇用为总经理助理。总经理去世后，朱佩塞接替了总经理职位。

朱佩塞迁到蒂沃利定居之后，将公司的主要业务转向了造纸业，他逐渐增加在造纸厂的股份，从合伙租赁到最后成为造纸厂的唯一股东，他一步步地实现了自己的目标。1909年，当朱佩塞从法律上彻底取得了使用阿涅奈河河水的特许权后，他的造纸事业开始达到顶峰。

二十九岁时，朱佩塞有了想要成家的念头，他的朋友贵铎 · 特莱维斯知道后，把他介绍给了自己的妹妹，也就是小塞格雷的母亲。

塞格雷的母亲来自佛罗伦萨的特来维斯犹太家族，这个叫作阿美丽亚的姑娘是家中最受宠的小女儿。或许她的生活有些封闭，所以对见多识广的人有着莫名的好感，总之她与朱佩塞一见钟情，并很快步入了婚姻的殿堂。

婚后，朱佩塞与阿美丽亚住在蒂沃利的阿尔纳迪别墅区，孕育了三个孩子：安吉罗 · 马科、马科 · 克劳迪奥与小塞格雷。两个哥哥分别比小塞格雷大十四岁和十二岁，他在所有亲人的呵护下长大。

因为父亲经营有道，所以小塞格雷的童年生活过得很惬意，不算特别富有，但衣食无忧。他的世界里充满了新奇，充满了爱。

塞格雷家族是个团结友爱的大家庭，他们用爱温暖着彼此。克劳迪奥一生无子，去世前写下遗嘱为小塞格雷留下了一笔遗产。但遗嘱执行人朱佩塞说："吉诺叔叔的三个女儿可能更需要这笔钱，要不我们把这笔钱转给她们吧！"塞格雷立刻表示了同意，因为在父子两人的心里，感情永远比金钱来得更加重要。

若干年后，塞格雷也成家立业，有了自己的孩子，塞格雷家族生生不息地繁衍着。血脉相连的他们用智慧谱写着辉煌的家族史，也用温情滋养着亲人的心。

2. 最初的记忆

小塞格雷最早记事是在他三岁的时候，红色的腰带、条形的袜子、哥哥马坷的柯达相机、舅舅雅可伯 · 特莱维斯送给他的一件日本服装成了时不时出现在他脑海里的记忆碎片。在小塞格雷的印象里，12岁之前的一些人和事构成了他最初的记忆。

在小塞格雷三岁的时候，父母请了一个保姆来照顾他，那是一个长有一点儿胡子，会吸很烈的雪茄，会时不时喝白兰地的奥地利女人，小塞格雷管她叫塔塔。保姆很疼爱这个小孩子，他们相处得很融洽。她会照着一本带有插图的百科全书教小塞格雷很多东西，也会时常带着他去公园玩，并会用夹杂着很重的奥地利口音的言辞来拒绝那些想亲小塞格雷的人。小塞格雷还从这个保姆那里学会了德语，不过后来全忘了。

在小塞格雷五岁的时候，母亲开始教他认字，并给他请了一个家庭教师。这个名为西格诺丽娜·马吉尼的女孩子刚从师范学校毕业，小塞格雷是她的第一个学生，她对此抱有极大的热情，并把在学校学到的最新教育理论实践在小塞格雷身上，除教授读写和其他一年级的课程外，她还时常会带着小塞格雷到蒂沃利山后散步。散步时间通常为一两个小时，她会边散步边讲解历史、自然史、诗歌和公民学等多个学科的知识。小塞格雷的记忆力很好，尤其喜欢通过实验来学习，比如，咀嚼面包片的时候之所以会感觉到甜是因为唾液淀粉酶对淀粉起了作用，并以此来帮助理解消化生理学。但马吉尼并不认为他是一个与众不同的聪明学生，而是把这一切都归功于“家庭背景”，而在塞格雷看来，她只是没有经验罢了。塞格雷一直与她保持着友谊，直到她于1971年去世。

同时，为了能让小塞格雷与其他的孩子交往，他被父母送到了学校。学校离家并不远，步行只有五分钟的路程，并且从一开始都是小塞格雷自己去学校。在他的记忆里，最深刻的也许是上学必经的一个山口了，每到冬天那儿都会有刺骨的冷风吹过，而此时我们也不难想象小塞格雷每次裹紧外套飞跑过去的情形了。

塞格雷家有个雷打不动的习惯——他们喜欢一家人一起沿着卡奇亚诺路散步。冬天的时候，小塞格雷会跟父母一起从下午两点走到四点，每逢天冷，母亲会穿一件鼬鼠皮大衣和手套，散发着轻微的鼬鼠味。闻惯了这种味儿的小塞格雷会把它与母亲联系在一起，直到成年以后，他都还是很喜欢这种味道。

经常和他们一起散步的还有路吉·普斯特拉伯爵夫妇，他们是塞格雷家在蒂沃利最好的朋友。普斯特拉是一位蓄着白胡子的职业画家，尽管夫妇两人住在一所18世纪的大房子里，但日子过得并不富裕。小塞格雷喜欢从房子的一端跑到另一端，却偏偏总是被门槛绊倒，好心的普斯特拉就让工人把门槛锯掉了。每次去他们家玩，普斯特拉伯爵还会给小塞格雷用铅笔画画并一起涂上颜色，这令这个小男孩很高兴。在你来我往中两家之间结下了深厚、忠诚的友谊，普斯特拉夫妇经常到塞格雷家吃晚饭，他们几乎每天都见面。在塞格雷看来，路吉·普斯特拉是幸运的，因为他在第一次世界大战前不久便去世了。在他死后，他的遗孀——埃米丽亚又活了很多年，并始终与塞格雷的母亲阿美丽亚保持着密切的关系。

在小塞格雷的记忆里，有一个人是绝对不能落掉的，那就是那塔利·阿利格里医生。他是一个老式的医生，掌握的拉丁文比医学还多。他拥有很好的医德，对待病人充满爱心，并为人慷慨，时常默默地接济穷人，尽管他自己并不富裕。他也是塞格雷家晚餐桌上很受欢迎的客人。1917年，他死于大流感，当时周围地区的人们都对他进行了悼念。

当时在蒂沃利有一所全国性学院和一所讲授古典文化的中学。在这所中学里有好几位在各自领域里很杰出的教授，比如林诺·瓦卡利、奇亚里尼、拉蒂奇奥等等。他们并不是与世隔绝的，他们谈论当代文学，并与来到蒂沃利的艺术家们保持联系，其中不乏很有名气的，像音乐家李斯特、诗人加布列勒·丹侬佐、画家米切蒂、雕塑家科斯坦蒂诺·巴拜拉等等。小塞格雷的父亲朱佩塞·塞格雷由于负责管理埃斯特庄园，所以塞格雷夫妇有机会结识这些艺术家们。

夏天时，小塞格雷会和园艺师的儿子在庄园的花园里玩耍，也因此出现过烟火冒险经历。有一次，他们发现一个电影摄制组准备拍摄一个有烟火的大型场面，为了给点燃烟火的人发信号，他们在树后藏了一颗信号弹。但是小塞格雷和他的朋友提前点燃了信号弹，结果可想而知。然而这样的冒险经历不止一次地上演，在他十岁那年，曾将装有硫黄、氰化钾和木炭的竹筒点燃，所幸没有受伤，但巨大的爆炸声使得小塞格雷之后再也没有玩过烟火。

夏天的时候，小塞格雷和马吉尼也会经常去阿奇·阿尔布勒硫黄矿泉。在那里，他结识了一位好朋友——一位年轻的澳大利亚教士约翰·雷登。他曾送过小塞格雷两本书，一本有趣的英文书《巧手男孩》和一本妙趣横生的法语书《蓝旗》，这两本书让他学会了很多知识，并开阔了眼界。在那之后，他开始反复阅读马可·波罗的《那一百万》。他们在利伯里山坡上度过了很多愉快的时光，而且并没有出现父母所担忧的情形——小塞格雷会被劝导而信奉基督教。

每年最热的时候，小塞格雷会跟随家人去维亚雷峤或马米堡的海滨，有时他会遇到塞格雷家族或特莱维斯家庭的表兄妹们。他十二岁那年，在表姐弗丝塔的帮助下他学会了游泳。平时，他们会像其他的海滨游客一样：游泳、远足、在海滩上垒造舟楫和城堡，并大吃葡萄。

9月份的时候，塞格雷家会去佛罗伦萨附近的特莱维斯庄园。这是一座中世纪的大建筑，占地面积很大，里面种满了各式各样的水果、蔬菜和粮食，还有一个美丽的意大利花园。庄园里住着芬兹（大舅母家的姓氏）和特莱维斯（外祖父家的姓氏）两家人，他们多少都有些亲戚关系。父母有时去国外度假，就会把小塞格雷寄放在庄园里，贵铎舅舅家的两个表姐茜尔薇亚和玛切拉总是会尽力照顾好他。可这个小家伙并不买账，在这个有些淘气的男孩眼里，这两个比自己大十二岁左右的表姐未免看起来太古板了。但是尽管如此，在小塞格雷的记忆里，表哥表姐组织的一次关于小小邮政系统的游戏还是玩得很尽兴的。

关于塞格雷对物理兴趣的由来也许他自己也不清楚。在他最初的记忆中，与物理有关的东西就是哥哥们的工具和一架照相机。之后就是在家里经常会听到有关科技方面的谈话，还有刚识字就阅读科学方面的书籍，如蒂桑杰尔的《趣味科学》和一些科普杂志。成年后的塞格雷一直保存着一本笔记本，是1912年3月27日的，里面一篇题为“物理”的日志记载了一个七岁孩子所描述的简单实验，这大概是受到蒂桑杰尔的启发之后想到的。

接着，哥哥马坷为准备大学的化学考试，从药店买来化学试剂在家里做实验，在旁边观看的塞格雷被试管中变化的颜色迷住了。

在塞格雷的物理启蒙中，有一个人是不得不提及的，他就是克劳迪奥伯伯。他带着小塞格雷去参观他的实验室，这是塞格雷第一次见到真正的实验室；伯伯还送给他一本1863年印刷的旧物理课本，是阿·加诺特写的，从此这本书和母亲送给他的一本《法国历史》一起常伴在塞格雷的左右。1916年，伯伯看到小塞格雷对物理有兴趣，又送给他一本1913年法文版的加诺特的书。除此之外，小塞格雷还读了杜马和法拉第的书（《一支蜡烛的历史》）。这对塞格雷的物理启蒙有着很重要的启发意义。

塞格雷曾在自己的一本书上这样写道："我将来希望成为一名物理化学家，于三十岁时在自己实验室的爆炸中死去。"

总之，塞格雷的童年是快乐的，作为家里最小的儿子，他得到了母亲充分的呵护。像其他的小孩子一样，小塞格雷也有过自己吓自己的经历，在看过一本描述瘟疫的书后，他幻想自己会传染上瘟疫，当他告诉父母之后并没有被取笑。

塞格雷在十岁的时候患上了严重的猩红热，在母亲日夜的看护下才死里逃生，之后就落下了严重的过敏病症，皮肤经常脱落。在他身体恢复之后，他马上做了很多的实验，自己做电流表、电池，还学会了照相、自己冲洗照片。

塞格雷小学毕业之后进入蒂沃利古典中学，由于数学成绩不理想，父母将他送到一个私人辅导老师那里。这位老师很出色，经过短短几个小时的辅导，小塞格雷的数学便上了正轨，这使他很受鼓舞，这位老师对他的帮助很大。

由于老塞格雷的身体原因，为了减少往返于蒂沃利和罗马间的奔波，便决定将工作中心从蒂沃利转移到罗马。尽管小塞格雷和母亲很不情愿离开蒂沃利，1917年战争期间，塞格雷一家还是搬到了罗马，住在了克劳迪奥伯伯的楼下。

随着搬迁到罗马、第一次世界大战的结束和步入了新的中学，小塞格雷的童年也随之结束了。此时，这个十二岁的男孩将面临各种新的变化。

3. 迁居罗马

1917年，也就是小塞格雷十二岁的时候，他们一家搬到了罗马。从此，整个家庭的生活方式发生了很大改变，塞格雷也开始了自己生活的第二个阶段。

此时的塞格雷已不再是小孩子，而是正值青春期的开始，像每一个处于青春期的孩子一样，有了新的兴趣和更广阔的视野。在一个渐渐打开的世界里，充满了新鲜事物的同时，又面临着各种各样或羞涩、或难堪、或难以名状的问题，还有莫名的躁动，却又不知向谁诉说或求助，塞格雷也一样。

在罗马，塞格雷进入了马米尼亚中学，在他看来，那段日子是很枯燥的，甚至几乎记不起低年级时的老师了。有时候他会带一些有趣的书去学校，以便在听课感到枯燥时阅读。他也没学会多少拉丁语或希腊语，倒是在数学家朱塞佩·皮亚诺的影响下，受到了过分严格、看似不必要的数学教育，却没有进行适当的实践训练。

五年以后，塞格雷从马米尼亚中学转到一所高中，开始了为期三年的高中生活。

在高中，一个叫茹厄的教授教作文课，他提倡用简洁明了、恰当的语言来表述观点，即使一篇文章里只有一两个简单的想法，也能写得好文章，他反对使用空洞的华丽辞藻。塞格雷在掌握了这些简单的写作要领之后，除完成自己的作业外，还会帮表兄表姐和朋友们炮制作文，在他看来，这项活动毫不费力且充满成就感。茹厄教授还曾夸奖塞格雷的写作风格像作家列奥帕第。

塞格雷对拉丁语和希腊语课程感到枯燥和讨厌，相对来说，法语课就好多了。法语教授是法国人M. 格里莫，他是位出色的教授，在了解到塞格雷已会法语时，便免去了他的法语语法课程，让他直接学习法国文学，还制定了一份学习书目，这使得塞格雷有机会接触到更多法国作家的作品。

对于历史课，在塞格雷看来，仅仅学了一些毫无意义的日期而已。

物理学教授叫蒙蒂，他主张教学应该少而精，要讲得透彻，就像他曾经反复向塞格雷灌输F=ma，直到他真正弄懂为止。塞格雷很认同这种教学态度，尽管他也会偶尔涉及一些当时很时髦的相对论。

数学教授曾教塞格雷戴德金分割法，这令他非常厌烦。在塞格雷看来，他当时学习了很多毫无用处的数学知识，比如非欧几里得几何、数论，对许多显而易见的命题的严格证明，等等。他很后悔没有在最适合学习的年龄去学习对他极为有用的微积分，而且不应该把应用数学忽略掉。

塞格雷有两个哥哥，大哥安吉罗和二哥马坷，两人分别比他大十四岁和十二岁。也就是说，在塞格雷还在学习认字的时候，两个哥哥就已经是大学生了。

安吉罗小时候很淘气，曾经有一次居然站在火车的行李网架上向下面的人撒尿，为此也经常被克劳迪奥伯伯责骂。他曾一度对数学和物理产生了热情，尽管这两方面他都不在行。值得一提的是，他似乎在语言方面很有些天分，小时候的安吉罗就已经学会了意大利语、法语、德语、英语、西班牙语、古典拉丁语和希腊语，并广泛涉猎了这些语言的文学作品。因此，安吉罗走后留下的书便成了塞格雷阅读的主要来源。

1911年，二十岁的安吉罗为履行义务自愿当兵。但他刚入伍便得了非常严重的肺炎，出于身体原因不得不提前退役，从此，安吉罗开始了漂泊的一生。

安吉罗总会去尝试各种奇怪的冒险，做出常人难以理解的举动，并常常惹祸，这令家里人很烦恼。加上他不喜欢蒂沃利，从小便想离开父母独立生活，因此每当他惹出乱子或是生病，家里人总是拜托克劳迪奥伯伯去解救他。后来这副重担就落在了吉诺叔叔的肩上。尽管这是个淘气又古怪的孩子，吉诺叔叔却很喜欢他。在吉诺叔叔眼里，安吉罗是个异常聪明的孩子，并以无限的耐心培养他对法律和历史的兴趣。在叔叔的教育下，安吉罗曾经师从于著名语言学家格罗拉莫·威泰里和历史学家加塔诺·德桑迪斯。之后，他去了德国，与当地的历史学家共事，过着冒险的、半流浪式的生活，并且在那里认识了他未来的妻子卡嘉·夏勒，他们于1936年结婚。

二哥马坷相比于大哥安吉罗来说，算是个规矩的典范。他小时候喜欢做实验，搞过小发明，学习努力，成绩一直很好，最后毕业于工程学院。父母也明显地偏向他，就因为他惹的麻烦少。但在塞格雷看来，这个二哥可比不上大哥聪明，而且还有些虚伪。小时候的塞格雷自然是钦佩和崇拜哥哥们的，他们的另一面也是在他长大以后发现的。

比如，安吉罗和马坷两人都很巧妙地避开了上前线打仗。安吉罗当过步兵，是个出色的密码员，但在认真对待服役期间工作的同时，又有点玩世不恭。马坷参加过都灵的军官培训学校，培训结束后从未上过战场，倒是学到了有用的技术经验，战后，他却吹嘘他的爱国主义。

后来，不光安吉罗认为马坷在挑拨他和父母之间的关系，塞格雷也认为马坷对自己做了同样的事。比如马坷借口塞格雷打鼾影响到自己而打发他到楼上克劳迪奥伯伯家去睡，在塞格雷看来，他是想把自己赶出父母家。

类似的事情还有，比如，读中学的塞格雷想看哥哥们用过的解析几何、代数和微积分的课本，但是马坷会借口这些书会累坏脑子而把它们锁起来不让看。塞格雷觉得，其实马坷是想成为全家唯一懂得“简单微积分”的人。

对于马坷的自作聪明，塞格雷在他的自传中还举过这样的例子：马坷很爱在各种场合高谈阔论，即使是他并不擅长的话题。有一次，他在一群搞物理的朋友中大谈热力学（自然数他了解最少），如此班门弄斧的可笑行为也使得他在塞格雷的朋友中出了名。

1921年春天，塞格雷十六岁，当时有人劝他加入法西斯青年组织先锋队。家里出现了意见相左的两派，克劳迪奥伯伯和父亲倾向于法西斯主义，而吉诺叔叔则预言法西斯主义不会善终，因此感情很要好的兄弟间发生了激烈争吵，即使这样，出于信仰或现实需要，三人都加入了法西斯。随着时间的推移，他们的观点也发生了变化，塞格雷也一样，1924年夏天，社会党人加科莫·马特奥蒂被暗杀，使他对法西斯主义产生了极大的怀疑。

在罗马的最初几年，塞格雷会四处游逛，时常会醉心于周围优雅浪漫的环境。中学期间也去过几次佛罗伦萨，通常是在复活节前后，有时会住在宏伟漂亮的特莱维斯庄园。庄园里紫藤花的香味常常会让成年后的塞格雷回忆起佛罗伦萨的春天。

1919年的夏天，十四岁的塞格雷在海边爱上了一个漂亮的姑娘，但由于两人年龄小又太天真，加上严厉的家教，注定这是一场柏拉图式的爱恋。像很多处于青春期的孩子一样，十五岁生日之后的塞格雷曾有一段性饥渴的日子。这是他面临的新问题，受过的严厉家教加上腼腆的性格，使得塞格雷一度陷入了无法摆脱的困境。他不敢同父母讲这些事，又不好意思和同辈人讲，包括亲密的朋友，哥哥马坷只会道貌岸然地说教，甚至善解人意的克劳迪奥伯伯也只能对他表示同情。当然母亲会察觉到这些，但是并没有指导他，而是特别鼓励他参加自己喜欢的体育运动，比如爬山和滑雪。

随着时间的推移，塞格雷对父亲的印象也发生了转变（从小父亲就很少注意塞格雷），慢慢地开始理解父亲——父亲是以另外一种方式来表达对这个小儿子的爱。在塞格雷十二岁的时候，父亲便把他送去一个木匠那里做学徒，为的是锻炼动手能力，大约在他十四岁的时候，又让他去造纸厂的小实验室工作。父亲还曾安排他到办公室工作，甚至强迫他学习德语。在做这些事的时候，父亲常常都会没有耐心地高声喊叫。塞格雷后来发现，父亲的这种方式对自己的教育反而有积极作用，父亲不常跟他说话，即使说也会很短，吃饭期间会跟他讲很多生意方面的事，塞格雷都会认真去听。慢慢长大的塞格雷逐渐认识到父亲判断的精辟和公正，也看到了父亲粗暴行为后面藏着的一颗善良的心。成人后，塞格雷倍感父亲教诲的珍贵。

在罗马，塞格雷结交了几个朋友，其中有两个男孩后来成了著名人物——恩佐·塞莱尼和埃米利奥。他们领导着一个团体，热衷于讨论政治，但在很多问题上，塞格雷都与他们的意见不同，最后不再与他们为伍。以致后来，塞格雷都对这种夸夸其谈的“巧嘴鹦鹉”行为很反感。

塞格雷的姑表兄恩里克与他的父亲朱佩塞走得很近，他死后，由遗孀阿达照顾两个儿子，塞格雷一家常常资助他们。阿达的一个儿子里卡多跟塞格雷特别要好，两人相处得像亲兄弟一般，无话不谈，并常年保持书信联系，直到1977年里卡多去世。

中学低年级时，塞格雷开始学习德语。在他10岁左右时，父母聘请了一位家庭女老师，之后塞格雷也能熟练地使用德语，并且阅读了大量德文书籍。舅舅家的表兄弟马坷 · 特莱维斯还教过塞格雷英语，之后，他还请过专人来辅导。

在学校，塞格雷的成绩并不突出，但也还算不错。学校学习之余，他会自学一些德语或英语的物理书籍，比如《光》《量子论》《热学》等等，这些书都是他在那些令人感到枯燥的课上读的。

1919年，已长成青年的塞格雷开始思考一些有关人类的永久问题，如生命的目的、善与恶、灵魂的本质等。他也为此读过很多书，但往往生吞活剥，并不能回答他的疑问。现在，塞格雷的科学家之路才刚刚开始。

第二章　科学家是怎样炼成的

1. 宗教迷思

说到宗教，塞格雷从没有痴迷于某种宗教，也从未感到过困惑，更多的是抽离地去看待。他听过著名犹太学者丹特·拉迪斯教授的犹太教的课，读过勒南的《耶稣的一生》和萨巴杰的《圣佛朗西斯》以及佛教和犹太教的一些书，也读过圣经，但都未表现出浓厚的兴趣，他也没有庆祝过犹太教的戒命仪式。

塞格雷参加过的唯一一次犹太教仪式是在佛罗伦萨的犹太教堂，当时他还很小，只是觉得有趣，长大之后回想起来觉得很感人，但并不是出于宗教或神学的理由。1984年，塞格雷在给孙子举行戒命仪式时，看到一位年长的领唱者狂热地拥抱圣经的情形，塞格雷表示理解，但并不认同他的感情。

对于宗教，塞格雷觉得自己更倾向于爱因斯坦的立场。曾经有一个小学生写信问爱因斯坦科学家是否祈祷，如果祈祷的话，祈祷什么。爱因斯坦是这么回答的："科学研究建立在一切事情的发生都由自然规律所决定这种思想上，人们的行为也是如此。由此原因，一个搞研究的科学家不可能相信通过一次祈祷，也就是向一个超自然体表达一个愿望会影响事情的发生。

但是，必须承认我们对于自然规律的认识远远不够正确和完全，事实上，人们相信一些普遍接受的基本自然规律的存在是建立在某种信念的基础上的。同样，这一信念已基本被成功的科学实验所证实。

另外，严肃的科学追求者们感到在宇宙规律中显示出一种精神，一种远远超过人类的精神。在它面前，我们人类的力量是如此渺小和微不足道。由此，对科学的追求导致一种特殊的宗教感情，它与人们幼稚的宗教虔诚完全不同。”

塞格雷在他的自传里记叙了两个忠实的宗教信徒，宗教信仰使他们的行为高尚起来。

一个是天主教教士唐·纳罗·拉索。二战以后，他被儿童的惨状打动，在蒂沃利建了一所儿童院，一直亲自管理，直至去世。他是个温暖、有见地又魅力十足的人，总是能感染每一个认识他的人。塞格雷跟他是很好的朋友，很多年后，塞格雷依然记得在他家做客时的深刻感受。

另一个是伯顿·莫耶教授。他曾是塞格雷的同事。年轻时他为了做新教的传教士而受了专门的教育，但战争使他成为一名出色的物理学家，并成绩斐然，但他真正的愿望是帮助他的同胞。他曾在印度帮助建立了一家技术学院。莫耶教授是一个非常值得尊敬的人，在学生动乱最严重的时候他去了伯克利大学任物理系主任，他是同时得到校方和造反的学生信任的极少数人之一。塞格雷在其自传中这样写道：“我们虽然背景各异，但他的人品对我有很强的吸引力。”

宗教本身体现的一种精神理念，是一种信仰，它可以成为一个人生命的支撑和指路灯。笔者自认为理解了塞格雷的这种特别的宗教感情，那是一种对人生的体悟和敬畏。宗教的某些理念是劝导人乐观向上、善施热诚、爱人克己，这些价值理念是我们每一个人都应该学习和具备的，不管你是不是教徒，也不管你信仰哪个宗教。因为宗教是人类成百上千年的精神成果，能流传至今并仍备受推崇，肯定有普世价值在里面，如自由、民主、平等、仁爱等，而这些普世价值是我们应该了解和拥有的。

2. 雕刻大学时光

1922年7月，塞格雷从高中毕业，进入了大学工程系。在大学的头两年，工程系、物理系和数学系的基础课都一样。另外，物理系的就业前景不是很乐观，出于现实考虑，家人更倾向于他读工程系，所以塞格雷一开始并没有想到以后会以物理学为职业。

大学与高中相比，氛围宽松了很多：学生可以选择自己喜欢的课程，也有很多非常有名气的老师；在时间安排和择友上也有了很大的自由度，恋爱也走进了自己的生活。因此在塞格雷看来，这是一段很美好的时光。

在大学里，塞格雷遇到了很多有名气、有趣又博学的老师。大学一年级的时候，弗朗西斯科·塞维里教授数学，他的课讲得很好，方法新奇，很善于给予学生启发，引导学生积极思考和发明，塞格雷对这种教学方法很受用。二年级的时候，塞维里讲分析课。几何学教授是贵铎·卡斯特尔诺沃，塞格雷形容他是“善良的、慈父般的”，他是一个头脑清楚、思维很有条理的人，除讲课语调平淡外，从他的课堂上还是能学到很多新鲜有趣的知识。比如，他就曾建议学生们要注意平时不懈地学习和积累，这样就能避免考试前的突击。塞格雷发现这种细水长流式的学习比偶尔的大补要好得多，而这种自律习惯也让他在以后的学习和工作中受益匪浅。

图利奥·列维·契维塔教二年级的理性力学，契维塔教授很有名气，除有点啰唆外，课讲得不错，但是去听他讲课的学生很少。契维塔是个近视眼，个子又矮，可偏偏喜欢往黑板的高处写字，往往是手举得高高的，眼睛却不看着字。有一次，他在这样写板书，课上有些捣蛋的学生朝他扔东西，正巧打中他的脑袋。只见契维塔教授转过身，丝毫没有气恼地问："我写错符号了吗？"班上没有一个人笑——他们被契维塔教授的坦诚和流露出的对学生的信任触动了，从此以后，再也没有学生敢对他做恶作剧了。系主任、议员O. M·科宾诺教二年级的物理（实际上只教电学），后来塞格雷曾被介绍给科宾诺，他是个和蔼可亲的人，但塞格雷对他却很敬畏，这种感觉让他很矛盾。塞格雷一直很后悔没有与这位人品和学问都一流的学者坦诚相交。后来，在塞格雷办转系手续的时候，科宾诺还帮过他，这在后面会介绍。

当然，塞格雷也会对某位老师的水平产生怀疑，比如化学教授尼古拉·帕拉瓦诺，他常常会对自己所讲的内容也不是很明白。塞格雷曾翻阅沃尔特·能斯特的论著，将它与帕拉瓦诺教授讲的作对比，发现后者有好几处错误，当然也不排除大家有不同的理解。

对于塞格雷来讲，新同学和课程一样重要，塞格雷是一个乐于交朋友的人，良好的人际环境也让他受益良多。

和塞格雷关系最好的同学是乔万尼·费罗·卢兹，他们来自同一所高中，但不同班。很快，他们便开始一起学习，比赛做题，或者互相提问一些原理。他们有时候会在人文学家、考古学家加科莫·玻尼（1859—1925）家旁边花园的长凳上准备考试，那里的环境美极了，美丽的花丛和意大利园林使人感到静谧又温馨。秋天，为了免于干扰，他们还会躲去蒂沃利学习。塞格雷家的管家会为他们准备好很棒的伙食，学习之余，他们也会去橄榄树林里或卡奇亚街散步，雨后的蒂沃利会增添另一种韵味，很美。

塞格雷的另一位同学叫埃托瑞·马约拉纳，后来成了公认的数学天才，他的数学天分可以从两件小事中窥得一二。有一次，塞维里没有认真备课，用错误的方法开始推导一个定律，坐在台下的马约拉纳很快发现了这个错误，在塞维里进行不下去的时候，马约拉纳走上去写出了正确的推导。另一次，塞格雷等着口试，马约拉纳教给他怎样综合地论证在环型曲面上存在维亚戈圈，他并没有理解，只是将它死记硬背下来。走进考场后，皮塔莱利教授照例问了他所准备的问题，塞格雷就把马约拉纳的话复述了一遍，皮塔莱利表扬了他，并表示这也是他第一次得知可以这样论证。

在学习之余，塞格雷最热衷于登山。每逢夏天，他就和朋友们去阿尔卑斯山攀登岩石或冰山，冬天会常去阿鲁兹练习越野滑雪。他们的登山运动水平很高，相当于现在的四级水平，现在也许我们看起来很容易，但是在20世纪初却被认为是很困难的。塞格雷的登山活动一直持续到1930年，这大概是由于工作占去了大量时间，或是结婚以后对困难的登山没了兴趣。

大学三年级的时候，塞格雷转到了工程学院。相比于前两年预科的课程，现在的课程乏味多了，除了U.波多尼教授的课还有点意思。U.波多尼教授教热动学，按照克劳修斯的方式，很注重细节。而其他的课程则平淡无奇。为了温习之前的知识，塞格雷选了乌戈·阿玛尔迪教授的复合函数论，虽然上课的时间是下午一点（这在罗马不是一个令人愉快的时间），但由于讲课方法有趣，每节课还是会收获颇多。

此时，塞格雷从同学乔万尼·恩里柯处得知，一位叫E.费米的天才来到了罗马。塞格雷在一次数学学术会上听了费米的发言，意识到他并非浪得虚名，这是塞格雷第一次认识费米，但并没有去找他。在这次会议中，塞格雷还听了E.朗道的发言，这让他更加确信纯数学并不适合自己。

在工程学院三四年级的时候，塞格雷留了卓别林式的胡子，戴着圆顶礼帽和羔皮手套，拿着一根文明棍去上学。这样奇怪的装扮持续了几个月，并遭到了很多同学的嘲笑。他自己却不以为意，因为连他自己也不明白为什么会这样做。

1927年，塞格雷的母亲送给他一辆509型菲亚特汽车。也许母亲的初衷是想让他更方便结识一些女朋友，但是并未这样说过。

在当时的罗马，有车的人还不多，塞格雷成了富有的学生，这也大大方便了他的登山旅行。塞格雷经常和朋友们带几个出身良好的女孩子去海滨或罗马周边玩，但大家都是彬彬有礼、严守规矩的。那时候，罗马周围的景致是极其美丽的，遗憾的是现在已消失殆尽。有时候，他们会躺在绿茵茵的草地上聊天，周围开满了鲜花，芳香四溢，以致会让人分不清是女朋友的香水味还是花的香味。

此时的塞格雷越来越不喜欢工程学。幸运的是，1927年的春天，在乔万尼·恩里柯的介绍下，塞格雷认识了费米的助理F.拉赛蒂。约二十五岁的拉赛蒂是个出色的物理学家，同时也有着广泛的兴趣，比如滑雪、登山、收集昆虫标本等。

1927年5月底，塞格雷、恩里柯和拉赛蒂开车去阿布鲁齐的卡斯特尔山远足，在那待的两三天时间里都是露天睡觉，这种情况使得他们的友谊发展迅速。不久以后，作为费米的好朋友，拉赛蒂把塞格雷介绍给了费米。在不久之后的一次旅行中，费米和塞格雷进行了交谈，费米对他的表现很满意，而他们友谊也从此开始了。

塞格雷很喜欢远足、露营等户外活动，也经常组织朋友们一起前往，如拉赛蒂、乔万尼·恩里柯、费罗-卢兹等，婚后也经常和妻子埃弗丽蒂一起旅行。拉赛蒂喜欢收集昆虫标本，旅行中也会跟塞格雷讲解一些物理学知识，塞格雷对这种新奇的讲课方法很感兴趣。他们曾一起去过很多地方，攀登过很多山脉，如阿尔卑斯山脉的海伦斯山、马特宏山等，途中也会碰到极其恶劣的天气，如严寒、大风、雷电风暴、冰雪天等，而这绝对不是一件好玩的事。

1927年9月，塞格雷参加了一次国际物理学大会，会上的所见所闻促使他开始认真考虑转战物理学的问题。

那次会议是在科莫举行的纪念伏打逝世一百周年国际物理学大会，很多著名的物理学家出席了会议，如恩内斯特·卢瑟福、尼耳斯·玻尔、沃尔夫刚·泡利和沃纳·海森堡等。当时的塞格雷并没有与会资格，最后是跟着费米和拉赛蒂挤进了会场。在这次会议中，除听讲座外，他还收集了一些免费出版物，包括优秀的现代物理学文章，开会期间，塞格雷仔细研讨了这些文章。在这次会议之后，塞格雷开始认真考虑从工程学转向物理学的问题。同时，与费米和拉赛蒂的结识，也让塞格雷确信这是一次难得的机会。

从科莫回到罗马后，塞格雷开始定期去位于帕尼斯佩纳大街89号A的物理学院。之前塞格雷读了很多物理学方面的书，已经学到了经典物理学的中级程度；他的数学不错，也曾在一个很好的分析化学实验室工作过；另外，他也有一定的实践经验。总之，塞格雷的物理学基础和动手能力还不错。

几乎从一开始，费米和拉赛蒂就对塞格雷进行了手把手的业余指导。

费米为人很随和，不摆架子，生活简单，但是除物理学问题外，他不愿意跟人多谈，更不愿意推心置腹。他注重理智多于感情，内在有些不同于外表的冷淡，了解他的人都对他有种敬畏感。他主张初学者必须以同等的重要性学习理论和实验，以后再分专业。他常在下午六点半左右把塞格雷叫到办公室，给他讲解他所想到的问题，或者解答塞格雷有疑问的地方，塞格雷会认真地将这些问题记在笔记里。

拉赛蒂则教这些初学者怎样利用干扰仪和摄谱仪以简单的方法进行实验。由于费米定下了规矩，也一直使用理论和实验并重的教学方法，以致很多年后，塞格雷发现很多次的实验课题、实验材料竟然完全相同。

在费米的指导下，包括塞格雷在内的初学者们对物理产生了极大的热情，每天想的、谈的全是物理。周一到周六上午，他们都会在物理学院度过，星期六上午制订下一周的工作计划。星期天大家常会相约去远足，也会有很多非物理系的学生参加，但是上路不久，物理系的学生们便自成一组讨论起问题来。

在实验室度过的日子是很顺利的，但此时的塞格雷还是个工程系的学生。由于家里人不同意他转系，包括父母和克劳迪奥伯伯，所以开始塞格雷尽量两边兼顾，但很快发现这是不可能的，加上只有全身心投入到物理学习中才能达到费米的要求，最终塞格雷决定破釜沉舟转入物理系。但是在办转系手续中遇到了麻烦，他没有选一门实验必修课，否则就要损失一年时间。此前塞格雷已被介绍给科宾诺，在这件事上，科宾诺通过亲戚关系帮塞格雷解决了此事。多年以后，塞格雷一直后悔未与科宾诺坦诚相交，并对科宾诺的成就和人品给予了高度的评价。就这样，塞格雷终于开始了他的物理系生涯。

3. 转战物理学

最终，塞格雷还是从工程系转到了物理系，开始了在物理系的学习。

转到物理系几个月以后，塞格雷劝说马约拉纳也转到物理系。这是一次难得的机会，况且工程系并不适合马拉约纳，塞格雷这样动员他。马约拉纳听了他的话，并亲自去物理系看了看，费米的数学能力让他很惊讶，之后他也转入了物理系。他的数学能力很强，有时甚至超过费米，他不常去听课，也从未做过实验，倒是参加过多次的交谈和讨论。马约拉纳天性悲观，性情多疑，遇事说话刻薄冷淡，难以让人有亲近感。

在非正式的罗马小组早期，刚从比萨师范学院毕业的小乔万尼·詹蒂勒经常到物理学院去，他的父亲是个很有权势的法西斯大人物。詹蒂勒与马约拉纳结为好友，还一起写过论文。他会偶尔来学院看看，与塞格雷等人一直保持着友谊。

阿玛尔迪是在1927年春天加入物理系的，他是个通情达理、善解人意的人，有着很好的教养，待人很热情。在小组里他的年龄最小，红润的肤色使他看起来更小，也因此常被称为“小男孩儿”。科宾诺给二年级的学生讲课时，曾作过动员学生加入物理系的号召。阿玛尔迪是唯一响应号召的人。

在罗马大学物理研究小组中，塞格雷与阿玛尔迪、拉赛蒂更亲密些，彼此间无话不谈，包括政治、前途、爱情、女孩等。但他对费米和马约拉纳就有所保留。拉赛蒂思想单纯，有着“孩子似的自私”，也有些怪僻（很喜欢在旅行的时候，借着天气等原因故意甩开同伴），但很好相处。当然，整个小组的人都是非常好的朋友，忠诚、慷慨。

在物理系学习期间，塞格雷被要求通过安托尼诺·洛苏尔多教授的“高等物理”课考试。洛苏尔多与费米彼此充满敌意，这个人在科研上已经落伍，讲课内容也价值寥寥。他无法与费米抗衡，便为难他的学生，塞格雷形容这是：“打不着驴的主人就打驴子。”

塞格雷选的第三门必修课是沃尔特拉教的数学物理，他的课组织得很好，内容选得很巧妙，而且每年都会变换讲课内容，所以塞格雷第二年又选了他的课。当然沃尔特拉也有不足之处，比如他讲课的声音轻且尖，还夹杂着鼻音，会让人昏昏欲睡。塞格雷会让写字比自己快的阿玛尔迪替自己记笔记，并负责睡着时叫醒自己。沃尔特拉习惯讲课时闭着眼睛，有人说是因为他心肠太好而不忍心看到学生们受罪。当然这只是些无伤大雅的缺点，他的课还是很让人受益的。另外，他对塞格雷一直很好，曾让他去自己家中做客，并送他一些论文，后来还帮他获得了洛克菲勒奖学金。沃尔特拉教授对现代物理学不感兴趣，如科宾诺所说，意大利当时所教的数学物理是“1830年的理论物理”，可见脱节有多严重。

塞格雷在1927年秋季注册，1928年7月4日获得博士学位，在物理系只学习了一年。由于当时塞格雷已经在工程系学习了四年，科宾诺和费米尽量缩短他的正式学习时间。当时学的最重要的课是费米讲的理论物理学，费米还给过他一份尚未发表的新作《原子物理学导论》的校对稿。

接下来就是论文答辩了。按照学校规定，在正式论文答辩之前要在系内进行预备答辩，在这两次答辩中都发生了很有趣的插曲。

预备答辩委员会由费米、拉赛蒂和洛苏尔多组成。塞格雷提交了一份普通的实验报告，虽没有惊人之处，但在当时的罗马大学还算高于平均水平。整个答辩过程中，洛苏尔多一直在向塞格雷发难，提出各种有关干涉仪的问题，尽管塞格雷对自己使用的杰明干涉仪了如指掌，但却不知怎样应对洛苏尔多的刁难。他又把话题转向石英晶体的光学特性，塞格雷所用的仪器是一块非晶态熔凝石英镜片，而且他正确地指出自己的实验并不受石英晶体的特性的影响。但是洛苏尔多对此的结论是，塞格雷对自己的工作不甚了了，既肤浅又无知。洛苏尔多的行为很奇怪，此前并无先例，塞格雷为此很气愤。在答辩结束后，趁着洛苏尔多不在，来到了他的办公室，发现办公桌上摞着厚厚的两本德语论文，翻开的书页上正好是关于干涉仪的内容。塞格雷在其自传里这样写道，这个“大好人”为了嘲弄我还着实费了一番力气。

接下来就到了正式论文答辩的时候了，日子在几周以后的7月9日。共有11位教授参加：塞维里、列维·契维塔、费米、沃尔特拉，还有本尼亚米诺·塞格雷，后者后来成了著名的数学家。科宾诺没有参加。沃尔特拉抛给塞格雷的一个答辩副题是二阶偏微分方程的某些性质，这个问题的难度要高于塞格雷当时的认识。接着，就发生了一件趣事。答辩结束，塞格雷被允许离开房间后听到了下面的对话：

有几个人说：“他很不错，给他最高分吧。”

列维·契维塔或塞维里说：“当然，不过我还是建议给优。”（高分有三种：最高的为“特优”；次高的为“甚优”；第三高的是“优”）

大家一齐说：“很好，就给他优吧。”

洛苏尔多说：“不行，我反对。”

塞维里说：“但我们以十比一赞成。”

洛苏尔多说：“不错，但按规定要求，必须全部通过。”

塞维里说：“这些规定是白痴制定的！真遗憾。”

听到这番话的塞格雷，即使没有得到优，也能够弥补心中的遗憾吧。五十年后，已是意大利林琴科学院著名院长的本尼亚米诺·塞格雷向塞格雷提起当年的那个场面时，塞格雷还忍不住笑了。

洛苏尔多是一个学识和人品都难以让人恭维的人。在研究方面，除了观察外电场作用下谱线分裂的方法外，他的其他研究都毫无价值。这种外电场作用下谱线分裂的现象与外磁场作用下的塞曼效应是对应的，通常称为斯塔克效应。洛苏尔多可能先于斯塔克发现了这一现象，但是当时他并非理解，所以在两个月后，斯塔克宣布了这一发现，致使洛苏尔多因失去这次机会而深感失望。另外，他的人品也不能让人仰视。1937年科宾诺去世后，理应由费米接任物理学院院长，却被洛苏尔多骗得这个职位。在遭人唾骂的种族法出台后，他表现出了不寻常的反犹热情来迎合政府，颇有六亲不认的冷漠。比如，与他共事多年、受人尊敬的卡斯特尔诺沃教授却被他阻止进入物理系图书馆。战争临近结束时，洛苏尔多因法西斯热情而被林琴科学院解除职务并遭受一些惩罚。1947年，他曾与塞格雷见过一面，此时的他已颜面扫地，但塞格雷并没有表示对他的原谅。当然，洛苏尔多也曾做过“好事”，比如在塞格雷初学物理时，曾让他使用自己的分光仪，二战期间还帮助阿玛尔迪从利比亚返回意大利。

洛苏尔多的非难只是小插曲，在此后的日子里，塞格雷与他有过几次交集，但都充满着火药味。不论如何，1928年7月，塞格雷完成了博士学业，又将开启人生的下一段路程。

第三章　一个全新世界

1. 军队生活

1928年7月，塞格雷获得了博士学位，毕业之后就要考虑去哪里工作。他不必担心钱的问题，因为富有的老爸会资助他，但是他想找一份能肯定自己价值而又不影响科研的工作，眼下的服兵役让他有时间思考这些问题。

塞格雷被派往了斯波来托军官学校，这里俨然是一个全新的世界。战友来自意大利的各个地区，从事着各种各样的职业，有律师、小业主、文人、地主等，但是很少有工程师和技术人员。这里的饭菜质量很差，教官的水平也不高，他们多数不是正规军官，教学方法粗暴简单，教学内容也很滞后。当时塞格雷被派到炮兵部，上校所讲授的枪炮理论课的内容居然还是1890年前后的。

军校的纪律严格而不近情理。学员的所有活动都由军士来安排，而且每天的一项主要工作就是很多次快速地换衣服。但这种不自由、单调的军队生活正好是一次很好的休息机会，因为什么都不必想，也不必做决定。塞格雷会利用强制的午休时间看自己感兴趣的书，比如奥斯卡·王尔德的《多利安·格雷的画像》、柯朗与希尔伯特合著的《数学物理方法》等。

塞格雷热衷于户外活动，在军队服役期间，他也总是会借机“溜”出去游山玩水。在军训开始几周后，学校在一个星期天放了假，塞格雷就和一位战友去了斯波莱托附近的古比奥和其他地方，重获自由的他们心情格外兴奋，他们把军刀扛在肩上，而这种做法是违规的。之后不久，塞格雷被允许在赎罪日有三四天假期，这让战友们很羡慕，纷纷开玩笑似的说，如果信奉犹太教就可以享受假期的话，他们会改信犹太教。而惊喜万分的塞格雷去了罗马，身着便服，穿上了令自己心情愉悦的柔软而高雅的法兰绒被子，打扮得漂漂亮亮去追求利娜塔了。

塞格雷在军校的表现蛮突出的，每逢有大人物来视察，他总会被叫到前面去进行炮击瞄准，因为他会简单的计算，不会把符号弄错，要是把符号搞错就会使炮口指向后面，这可不是一件好玩儿的事。在军校期间也发生过一些小插曲，有一次将军来视察时，塞格雷从马上摔了下来，但他立刻起身抓住缰绳没让马跑掉，将军不但没有责怪，还安慰他说谁都有可能从马上摔下来，并且表扬了他没有让马跑掉。

1929年1月11日，塞格雷从军官学校毕业之后回到了实验室工作，第二年的7月1日，塞格雷被任命为防空炮兵部队的少尉。塞格雷选了一个闲差，被派到罗马附近的布拉奇要塞驻军任职，晚上在家睡觉，早晨拿几本物理书到军营去学。

在罗马服役期间，塞格雷曾因莫须有的罪名被关禁闭，他无意中对一个朋友提及此事，不料这位朋友将此事告知了他的父亲——一位很有权势的将军，之后塞格雷的惩罚就减轻了很多，而且那位粗暴行事的上校想必也遇到了麻烦。

服役期间，塞格雷会想办法每隔一段时间去一次实验室，以保持联系，但时间很紧，来不及做实验。有一次，塞格雷被紧急从军营召到物理研究所，是因为研究所来了一位重要的印度客人——钱德拉塞卡拉·温卡塔·喇曼爵士（1888—1970，1930年他因光散射方面的工作和发现喇曼效应而获得诺贝尔物理奖），恰巧研究人员都不在，勤杂工又不懂英语，需要塞格雷来接待。当天塞格雷穿着军礼服，配着蓝色披带和耀眼的金色肩章，对喇曼的到来致以毕恭毕敬的欢迎。喇曼很感谢他，误以为塞格雷是特意穿这身军装迎接他的，但是诚实的塞格雷不想让他误会，并向他解释那天正好是H.M.女王的生日。

尽管这是一份闲差，塞格雷还是从中学到了物理学以外的东西。他学会了一种叫“斯果波奈”的纸牌游戏，是上尉教给他的，他很喜欢玩。塞格雷还从他那里领略到了另外一种生活态度。塞格雷从小受到的教育是要有进取心，要努力工作、认真对待每一件事，长大以后要出人头地，至少要有所作为。而在上尉的生命里却是另外一回事，他主张：激情是严重的缺点；很多问题只要不予理会，它们会自行解决；虽然我们平时被反复告知要及时执行命令，但接到一项命令时，迅速执行却是不谨慎的，最好等待这道命令被撤回。在军营里，他接触了形形色色的士兵，他们来自不同的地区，受过不同程度的教育，有着不一样的出身，说着各种各样的方言，保持着不同的饮食习惯，这让他见识到了不同层次的人之间的差异。

1930年2月15日，塞格雷作为中尉退役，列入后备役。之后就开始了他早期的物理学研究。

2.“费米的剩饭”

“你只会吃费米的剩饭。”这是塞格雷的父亲对他说的一句话。的确如此，在研究初期，塞格雷并未独立搞自己的研究。

费米对所要发表的论文的质量要求很严格，无论对自己还是对学生。他不允许发表结论毫无意义的论文，结论不太重要的论文也只能以意大利文发表。他这样做的原因在于，他想为罗马小组建立良好的国际声誉，要让每一个读到他们文章的读者都能从中有所收获，或者发现自己感兴趣的东西，而不至于对他们失望。在《物理学杂志》上，或作为给《自然》的信，他只允许发表他认为重要的论文，他一直严格遵守这一规定，而且在评判研究成果的质量方面很少出错。

塞格雷的大部分早期研究工作是与阿玛尔迪共同进行的。1928年，在科宾诺的推荐下，塞格雷和阿玛尔迪合作在意大利林琴科学院院刊上发表了自己的第一篇论文，是他博士论文的简短概述。第二年，两人又合作发表了内容有关喇曼效应的第二篇论文。

接着，塞格雷写了一篇关于分子光谱频带的异常散射的论文。在费米的帮助下，他解释了频段高端附近那组吸收谱线所显示的折射率特殊变化。几乎在同时，塞格雷和阿玛尔迪追随费米，发表了两三篇量子电动力学方面的论文。

塞格雷父亲的那句话确实没有冤枉塞格雷。费米每发现一个用途广泛的理论，如辐射量子理论，便会向塞格雷和阿玛尔迪等人解释其原理，举出其应用，然后让他们去寻找更多的用途，以从中获取成就感。塞格雷自己也在自传中承认，那段时间内的许多工作都是这样开始的。他也始终记着父亲的这句评语。

在塞格雷从事物理研究工作的早期，一直不情愿他从事物理工作的母亲很担忧他的前途。有一次，母亲为了确认塞格雷能否在这一行当里有所作为，便向费米询问。费米是一个向来实事求是的人，他作了正确而又客观的回答："现在作判断和预测为时尚早。"当时并未在场的塞格雷能够想象，母亲因为这个绝对诚实的回答反而会更加担心。

但是这种"吃剩饭"的日子并未持续太久。1930年11月，塞格雷独立思考并完成了自己的第一篇论文。

20世纪20年代末30年代初，物理研究所的工作虽然紧张，但气氛很轻松。塞格雷的正式工作按过去的称呼叫"调音叉管理员"，是一份相当于助理的闲职。研究所里的同事们常常在重要的科学杂志上寻找实验灵感，如《自然》《物理学杂志》和《皇家学会会刊》。点子多的塞格雷常常帮学生寻找研究课题，而技术性的细节他就会让学生求助于费米。费米不屑于提简单的问题，而想得到的问题对学生来说又太难。塞格雷和费米合作写论文时，塞格雷常被指派为执笔，他倒也乐此不疲，丝毫不介意，但却遭到了朋友们的取笑："你明白自己永远拿不到诺贝尔物理学奖，所以在为获取文学奖做准备。"

此时，塞格雷在罗马大学的理论物理学习顺利地快速进行着。费米不仅是一流的物理学家，还是一位很出色的老师，他教出了一批批出色的弟子，还结识了很多同时代的理论家，世界各地的很多博士后研究人员也纷纷投到他的门下，如汉斯·贝、鲁道夫·佩耶尔和乔治·普拉杰。后来，普拉杰与塞格雷和阿玛尔迪建立了牢固的个人友谊。

理论知识可以从书本上学到，但是实验技术就需要实地学习，因此研究所开设了到国外学习新的实验技术的计划。拉赛蒂于1929年第一个离开，去了加州理工学院，洛克菲勒基金会为他提供了奖学金。

在那样一段时期，洛克菲勒基金会是物理学的巨大资助者，帮助物理学度过了经济大萧条及后来的法西斯迫害。基金会在选择顾问及资助者时很少受到政府的制约，遵循公平诚实的原则，这一点让人很敬佩。而且，基金会的成功也是得益于选择研究人员时的远见卓识。

拉赛蒂在加州理工学院表现得很好，无论是在科研方面还是个人方面，为罗马小组建立了良好的声誉，并对美国产生了深远的影响。回到罗马后，拉赛蒂所谈的全都是有关加州的奇迹，看过的美景、美国的生活方式、富有的实验室等等，还炫耀他在夏威夷买的牙刷，并买了一辆福特牌汽车。之后，他继续进行喇曼效应的研究，一直持续到1931年。

此时，塞格雷的研究工作发生了很大的转变，他开始独立搞自己的研究。1930年11月，他以短信的形式给《自然》寄了一篇论文，这是他的第一篇独立思考并完成的论文，内容是关于四极辐射的塞曼效应的，因此也被同事们笑称为“四极爵士”。他在论文中指出：这种禁戒跃迁起因于通常在一级近似计算中所忽略的电四极辐射。由于这项发现是在短时间内取得的，更增加了它的影响力。并且重要的是，一向对论文要求严格的费米让塞格雷在重要杂志《物理学杂志》上发表这篇论文，这让塞格雷的信心大增。

但是塞格雷在继续研究钾镨线S-D组合中的塞曼效应时遇到了困难，之前他的发现是结论性的，但对于一些细节还没有揭示清楚，可是罗马所能提供的仪器只能达到这一步。正好在塞格雷犹豫的时候，著名的荷兰物理学家、化学家德拜给了他很好的建议，提示他寻求外国实验室的帮助。因此，塞格雷给了四家可能拥有衍射光栅的实验室写了信，但只有一家同意他使用，是阿姆斯特丹的塞曼实验室。

1931年夏初，接到通知的塞格雷立即动身赶去阿姆斯特丹。塞曼，诺贝尔奖获得者、著名的塞曼效应的发现者，当时他已六十六岁，不做实验室工作了，为人彬彬有礼、平易近人。塞曼是一位出色的光学大师和实验家，主张做实验要完全彻底，因为很可能会有意想不到的发现。尽管他对较新的量子力学了解不多，但无疑他是一个杰出的物理学家，跟他交谈总能学到很多知识。

由于衍射光栅是塞曼实验室里最贵重的财产，因此塞曼建议他与自己的博士生科奈留斯 · J. 巴柯尔合作研究，塞格雷认为这样做公平合理，便立刻接受了。巴柯尔是个很好的人，他们两人建立了亲密的友谊，一直延续到巴柯尔不幸去世。在塞格雷的书房里，一直保留着巴柯尔的肖像。

刚开始实验工作的塞格雷就干了一件糗事儿。他们需要制备装有钾的吸管，塞格雷切了一块钾，准备将余下的装进原来的瓶子，不料那个瓶子旁边有一个装有酸的瓶子居然还没盖盖儿！结果塞格雷看也没看就把那块钾扔进了盛有酸的瓶子里，接着一阵剧烈的爆炸声轰动了整个实验室，塞格雷当时有多尴尬可想而知。这也让他见识了荷兰人的沉着真不是吹的，产生这么大的动静都没有惊慌。当然，需要谢天谢地的是，他们并没有把塞格雷赶走。

研究工作就这样戏剧性地开始了，一切进展顺利，取得了预想的成果，实验圆满成功。塞曼也喜欢上了这个聪明、勤奋的小伙子，曾暗中帮他获得了洛克菲勒奖学金，还邀请塞格雷去他家参加过两三次非常正式、高贵的晚餐。席间，塞曼请宾客们抽的雪茄很精致，塞格雷很喜欢这个牌子，以至于在以后的一段时间里都抽这种雪茄。在塞格雷要返回罗马之前，塞曼真诚地邀请他随时到塞曼工作室工作。后来，塞格雷接受了这一亲切的邀请，又去了几次阿姆斯特丹。

1931年的暑假，喜欢户外活动的塞格雷与阿玛尔迪、拉赛蒂约好一起去挪威远足。在塞曼实验室暑假关闭与相约的日子之间还有段时间，塞格雷就利用这段时间去伦敦玩了一趟。在船上他遇到了索末菲的学生，而且是他猜出来的，他自己都觉得不可思议，两个年纪相仿的年轻人聊得很投缘。1931年，塞格雷对英国的初次印象是一个日薄西山的帝国主义大国，而这种印象与他的父母曾目睹的光辉时代截然不同。随后，三人在奥斯陆碰面，去挪威的冰川作了一次长途的远足，后来又去了其他的几个地方。

回到罗马后，塞格雷继续研究禁线，并取得了一些新发现。

根据物理研究所设定的到国外学习新的实验技术的计划，费米建议塞格雷利用洛克菲勒奖学金去汉堡，跟从奥托·斯特恩学习分子束和真空技术（当时研究所的弱点之一）。1931年底，塞格雷出发去了汉堡，开始了在汉堡的研究生涯。

按照费米的建议，塞格雷礼节性地拜访了意大利领事馆。通过与领事先生的交谈，塞格雷惊讶地发现，意大利官员中还是有一些独立思考、敢于坚持己见的人。领事先生分析了当时德国的政治和意大利的外交政策，并对法西斯主义表示反对，这让塞格雷茅塞顿开。

当时斯特恩正处于重大发现的过程中，全身心都投入到了工作里。他建议塞格雷完成量子化空间动力学的实验，之前由美国人费普斯从事，但是取得成果之前奖学金到期了。经过对前任留下仪器的彻底研究，塞格雷想到用分子束来解决问题，在他认为这要比原来的计划更可行，并且这一想法立即得到了斯特恩的批准。塞格雷重新制作了仪器，并邀请马约拉纳、吉安·卡罗·威克和乌戈·法诺一起攻克有关汉堡实验的理论问题。

斯特恩的实验室很小，研究人员不多，彼此间的交往也很少，大家基本上除工作外便跑去各忙各的了。在这里，塞格雷也学到了很多东西，斯特恩教了一种他以前从未见过的实验方法：先计算出与仪器有关的一切数据，直到预备性实验的结果能与他计算出的数据完全吻合后才开始正式实验。这个方法尽管先期进展缓慢，但是比较稳妥，避免了很多错误，总体上是节省时间的。塞格雷感到，在这里学到的东西与塞曼处不同，但同样有用。正可谓：条条大路通罗马。

在汉堡工作的时候，塞格雷一度搁置了禁线的研究，后来又回到荷兰重拾这一兴趣，而且每次都是和最初的同事及好友巴柯尔合作。

1933夏天，塞格雷第一次访问美国，后来又跟随费米去过几次。在研究所的物理学家们看来，这一时期的物理学正出现新的重大转折。很快，他们开启了研究所的核物理研究时代。

3. 核物理初体验

1932年9月9日，费米写信给塞格雷，他在信中说："关于明年的工作，我还没有作任何计划，我甚至不知道是否还会无聊地摆弄威尔逊云室，也许我将再次成为理论家……研究所亟须装备适用于原子核研究的仪器设备，这需求将越来越紧迫，除非我们打算放弃求知而沉眠不醒。”费米认为，原子物理学的黄金时代即将结束，未来属于原子核物理学。虽然当时物理研究所的成员们在致力于各自的研究，但他们认同了费米的看法，之后慢慢转向了原子核物理研究，并取得了辉煌的成就。

1932年，塞格雷参加了第一次大学教授职位竞争，是由费拉拉大学提请举行的，评选于10月31日进行。按照规则，作为评选人之一的费米有权决定三个人选中的一个，他选了布鲁诺·罗西，这让塞格雷有一段时间对此耿耿于怀，情绪低落。布鲁诺·罗西与塞格雷两人的研究领域不同，但质量应该是差不多的，而且，罗西是佛罗伦萨人，不同于塞格雷是费米的学生。费米看出塞格雷的情绪后，对他表现出少有的关心和呵护，提议两人合作搞一些研究，并且取得了丰硕的成果，在他们随后发表的共同署名的论文中还包括了标准的费米—塞格雷公式。在与费米共同研究的过程中，经常连续工作多个小时，塞格雷曾有两三次听费米说话时累得睡着了。多年以后，塞格雷才明白费米的选择大概是对的，并且因祸得福。

1929年，拉赛蒂访美后不断地向同事们灌输美国前程远大的观念，把美国吹得天花乱坠。费米被说动了，1930年，他接受密执安大学的邀请，决定亲自去美国看看。密执安大学位于安阿伯市，费米在安阿伯的讲课中报告了自己的一些研究成果，并取得了非凡成功。这之后费米多次受邀前往，事实上已成为那里的主要支柱之一。费米很喜欢美国的学术气氛。

1933年夏，塞格雷第一次访问美国，是陪同费米一起去。抵美后，塞格雷先去长岛拜访了G.M.贾尼尼，他曾在罗马大学读过物理。之后去了安阿伯，与人合住在大学生联谊会公寓里。在美国期间，塞格雷和费米尝试过纠正自己的英语发音，尤其是字母r的发音。他们还买了一辆二手车，两人共游了密歇根州，在那里吃到了城里很难吃到的农家菜肴。

在美国访问期间，塞格雷曾想做一些实验证明不虚此行，因天气湿热不利于工作，结果一无所获，还发生了一件令人啼笑皆非的事。有一次，他使劲想把一根橡皮管套在玻璃管上，结果左手食指不小心被划伤。去医院包扎，还没张口，只见大夫轻描淡写地说了句："你一定是把橡皮管用力往玻璃试管上套来着。"后来，塞格雷还见过此类事故的许多其他受害者。

返回意大利后，塞格雷继续从事自己最感兴趣的光谱禁线研究，并取得了显著的成果。之前的研究显示，四极辐射可以引起禁戒跃迁，塞格雷还发现并验证了引起禁戒跃迁的其他机制，其中包括能产生随机电场的离子放射的效应和外电场。在一系列的实验中，塞格雷和阿玛尔迪还发现了"肿胀原子"、谱线位移和二阶塞曼效应。并且，费米就能级位移的原因写了一篇重量级论文，还第一次引入了"赝势"的概念。谱线位移、二阶塞曼效应以及电场对系限附近谱线的效应等，后来都得到了广泛研究，并已成为光谱学分支之一。塞格雷和阿玛尔迪将研究成果发表在了纪念塞曼退休的文集中。

这个时候，塞格雷家族开始考虑如何在法西斯的统治下保全自己。塞格雷的父亲朱佩塞决定把工厂交给马坷管理，给安吉罗和塞格雷每人一份自由支配的财产。马坷之前一直想接手父亲的生意，而安吉罗整天忙于与此毫不相干的事情，塞格雷将心思用在物理研究上，因此，马坷成为接班人的不二人选。另外，还有一个问题就是，朱佩塞需要把存在国外的钱做一个更好的处理。

也许朱佩塞内心对法西斯政权及其经济政策是不信任的，在他工作的后几年，把投资更多地转向了国外，而不是用来扩大工厂规模和更新设备，赚了不少钱，并且都存在了国外。大约在1933年，法西斯政府颁布了新的法令，要求把境外资产全部转回国内，否则将受到严厉惩罚。当年秋天的某一天，为此非常担心的朱佩塞询问了银行家朋友、塞格雷和马坷的意见，银行家朋友认为“这样一种储备是非常必要的做法，也是谨慎的预防措施”。塞格雷对此很认同，其他人也一拍即合，接下来就要商量怎么处置这笔资产。

如塞格雷所料，马坷以自己树大招风、需谨慎行事为由推脱了这件事。相反，塞格雷表示，作为一名物理学者，去国外工作和移居国外都不会太引人注目，可以把资金转到自己名下，由他为全家代管这笔钱。朱佩塞表示同意并当场拟定必要的条款，包括他死后钱如何处置等等。

为此，塞格雷在不引人注目的情况下去了一趟瑞士。圣诞节放假期间，他与一帮朋友相约去意大利边境附近的地方滑雪。其间他去了一趟瑞士，把钱转到了自己名下，并在公证处存了一封信，旁人只有出具他的死亡证书才可被授权动用这笔资金。事实证明，这是一个非常明智的决定。之后，塞格雷从瑞士回到意大利，与圣诞期间滑雪的朋友们会合。冒险穿越阿尔卑斯山的时候，由于天气恶劣，路又难走，塞格雷在冰冻的雪地上摔了几跤，屁股上呈现出五颜六色的瘀斑，为此他还被朋友取笑。后来，同行的费米给他们解释他未发表的β衰变新理论。

经过这个时期的研究之后，物理研究所的学者们意识到物理学正在发生新的转向。费米认为，原子物理学的黄金时代即将结束，未来属于原子核物理学。事实证明，他们的判断是正确的。在核物理研究中，他们同样取得了显著的成就。

在最初关于研究转向的讨论中，学者们表达了各自不同的意见。塞格雷认为，他们刚刚在光谱学领域取得了丰硕的成果，应该“乘胜追击”再干一段。阿玛尔迪和拉赛蒂也表达了自己的观点。经过长时间的热烈讨论，还是费米的想法占了上风，但没有强制要求，允许大家自由安排。所以在开始中子研究之前，塞格雷一直从事光谱学研究。但大家都加强了原子核物理文献的研读。

直到1933年，费米开始对原子核方面的课题做深入研究。在真正的核物理研究开始前，研究所的学者们做了大量准备工作。

1931年10月，费米利用自己作为意大利科学院院士的影响力，发起了一次小型的国际核物理学会议，三十余人出席会议，都是精挑细选过的著名物理学家。会上，塞格雷曾有幸为居里夫人擦黑板，不过令人尴尬的是，居里夫人明确告诉他对他不认真的行为并不满意。几个月后，中子被发现，从此开辟了核物理学的新纪元。

1932年，费米受邀赴巴黎参加了大型国际核物理学会议，并做了报告。1933年，他参加了著名的索尔维会议，会议专门讨论核物理学。随后他回到罗马，创立了β射线理论，并引进了所谓的弱相互作用。费米去世后，弱相互作用揭示出很多惊人的性质。

在物理研究所的内部，阿玛尔迪组织了一个研讨班，研讨欧内斯特·卢瑟福等人合著的新作《放射性物质的辐射》。不久以后，费米和拉赛蒂开始学习原子核方面的实验技术，他们制作了很多仪器，如γ射线摄谱仪、云室和盖革—弥勒计数器。塞格雷还在拉赛蒂的指导下，学会了制备钋+铍中子源。与物理所同一幢楼的公共卫生物理研究所的所长G.C.特拉巴齐给了他们一些用于医疗的镭，使得他们可以开展中子研究。

物理所的学者们所做的准备工作，为原子核方面的实验研究奠定了很好的基础。接下来发生的一件事，直接加速开启了物理所的原子核物理研究。

1934年2月，伊蕾娜和弗里德里希·约里奥-居里宣布发现了人工放射性，这使物理所的学者们深感震惊。费米从伊蕾娜的实验中得出灵感，想到用中子代替α粒子，因为中子命中靶核的效能远远高于α粒子，这完全可以弥补中子数量上的不足。

想到就去干，而且准备工作早已妥当。此前做了大量工作的拉赛蒂此时在摩洛哥接受该国国王的授勋，费米打电报召他回来，结果回电说他不愿被打扰。因此，费米只好自己单干，用镭+铍作中子源，按原子序数从小到大依次轰击所有元素，生成新的同位素后并对它们进行研究。由于工作量太大，即使一个人的能力再大也不可能独立完成，所以，发现科学的富矿后，费米慷慨地邀请拉赛蒂、阿玛尔迪和塞格雷一起开发。后来，在玛丽·居里实验室攻读放射化学的奥斯卡·戴安高斯蒂诺也加入了他们。于是，他们五人组成了著名的“罗马小组”。

在实验的开始，他们就意识到，除研究所的正常资助外，他们还需要一笔钱。费米与国家研究基金会的关系很好，他曾是基金会的物理学秘书，因此，费米向基金会寻求资助并迅速得到了两万里拉（那时大约合一千美元）。事实证明，这笔钱花得有多么值。

中子研究开始了。在这项研究中，费米任首领，负责制定总的指导方针，每个人各司其职。有问题拿出来大家一起讨论，氛围充分民主，谁说的有道理就听谁的。

塞格雷负责采购所需物品。所幸当时还没有官僚主义，他可以把钱装在自己的口袋里，可以自由买下中意的东西，因此大大提高了这笔钱的购买力。塞格雷经常在西格诺·特洛科利那里买化学药品，他是位经验丰富的老供应商，而且药品的种类极多。年轻的时候曾在神学院学习过，喜欢拉丁文，是位称职的绅士。在听塞格雷讲了他们的研究后便竭尽全力帮助他们，还把存放于货架上经历多年“gratis et amore Dei”（拉丁文，意为上帝的仁慈与爱）的化学药品交给塞格雷。不过有一次，塞格雷闹出了笑话。他问特洛科利有没有“玛”时，对方回答说“Nunquam vidi”（我从未见过）。多年后，塞格雷才明白，确实没有“玛”这种东西。不过总体上，塞格雷非常出色地完成了自己的任务。有一次实验需要用一块金锭，塞格雷去了一家做贵金属买卖的商号，只写了一张欠条就轻易赊走了金锭。另外，塞格雷还通过阿姆斯特丹的朋友巴柯尔购买了在罗马买不到的东西。

中子研究进展顺利并取得了丰硕的成果。在费米的指挥下，整个小组像一支训练有素的乐队，出色地演奏出一流的音乐。在塞格雷看来，他们每一个人都超常发挥了，比单干时取得的成就要高得多，这就是所谓的总体大于部分之和。他们把研究成果发表在国家研究基金会的会刊《科学研究》上，阿玛尔迪的妻子在那里工作。人们可以在会刊上跟踪他们的研究进展。物理学家们还把复印件邮寄给在单位有重大影响力的通信对象，不久，他们的报告就引起了物理学界的广泛关注。科宾诺经常去他们实验室，并保持着亲密的联系。同时，由于实验本身很精细，学者们又十分谨慎，因此，他们之中没有人受到伤害。

实验虽然进展顺利，当然还是会不可避免地遇到一些难题，但并没有阻挡他们前进的步伐，困难总是会被踩在脚下。

1934年的春季就在繁重的中子实验研究中度过；夏季，物理研究所关闭。

费米去了南美讲课，塞格雷和阿玛尔迪则去了剑桥的卡文迪许实验室。途经伦敦时，他们去拜访了弗里茨·帕尼士，塞格雷从他那里学到了一些化学实验技巧；也会见了有过通信联系的列奥·齐拉德。三人约定下午见面，结果晚上10点钟两个人才出现，帕尼士泪眼蒙眬，齐拉德则一脸震惊，通过交谈才得知，希特勒策划了奥地利的一次政变，首相恩格伯·杜勒福斯被谋杀，而帕尼士是奥地利人，齐拉德是匈牙利人，深重的灾难正降临在他们的家园。塞格雷对于本应出手制止希特勒的英国、法国及其他欧洲国家的犹豫不决很愤慨。

在剑桥，他们作为自费访问学者住在私人家中，膳食很差。有一天，他们专门去拜访卢瑟福爵士，想请他把研究所关于中子研究的论文原稿交给皇家学会。卢瑟福爵士很感兴趣，并帮助修改了一些英语语法错误，表示会尽快转交给《皇家学会会刊》。可是塞格雷建议立即发表，卢瑟福反问他："你认为我这个皇家学会主席是干什么的？"塞格雷没有听懂他是在开玩笑还是有些恼火，但是他认为自己的行为很鲁莽。卢瑟福很平易近人，爱说笑话，但人们对他都高度尊敬，甚至有些敬畏。在塞格雷的印象里，每当他对某人说话时，那人就会下意识地采取立正姿势。塞格雷和阿玛尔迪与实验室里的同行们交流了很多，从当时的工作角度看，其中与同代人戴恩·T. 别尔格和H.C.韦斯科特的交流最有意义。通过交流确立了钠的（n，γ）反应的一个明确无误的事例，这对于两个月后慢中子的发现起了重要作用。

一两周之后，塞格雷和阿玛尔迪回到了罗马，恢复了对中子的研究。最先进行的实验之一是重新轰击铝27，以验证同别尔格和韦斯科特观测到的钠的反应相似的（n，γ）反应。他们发现，所生成的同位素的半衰期确实与其他反应生成的铝28的半衰期相同，从而证明了（n，γ）反应的另一个事例。他们把这一有意义的发现通知了费米，他正在南美返意的途中，在伦敦参加一个国际物理学会议，并在会上提到了这个发现。可是又一个小插曲出现了。那几天塞格雷感冒在家，阿玛尔迪一人重复几天前的实验，却测出不同的半衰期。费米回到罗马后，得知实验结果自相矛盾，就责骂他们不该提供错误的数据。但塞格雷对此很不满，他确信先前的实验结果没有错，但又不知道问题出在哪里。

更糟的是，接下来的几周里，他们无法解释的难题越来越多。无论做几次实验，都无法再现重复的结果。为了找出其中的原因，实验所里的物理学家们为此颇费了一番脑筋，但工夫不负有心人，最终他们发现了问题的症结所在——实验的条件有差别，每次中子源放的位置不同，有时放在木桌上，有时放在大理石桌上。1934年10月22日上午，他们又用石蜡将中子源和银箔包起来，发现了奇异的现象：石蜡大大增强了中子的激活力。后来又反复做了其他实验，对于这一现象，费米经过苦思冥想，提出了自己的假设，事后证明这一假设是正确的。在以前的实验中，结果会因他们使用的慢中子或快中子而有所差别，因此引起的反应或是（n，γ）占优，或是（n，2n）占优。塞格雷和阿玛尔迪的实验结果没有错，因此费米也认识到他们并没有粗心大意。

费米进一步猜测中子会被减速到能量等于介质分子的热扰动能，在室温下大约为0.03电子伏。结果这一猜想是正确的，现在将此过程称为慢化。当天晚上，由费米口授，塞格雷执笔，在阿玛尔迪家里起草了一篇短文。次日早上，由阿玛尔迪的妻子交给她所在的《科学研究》杂志社的上司。

慢中子的发现引出很多问题，因此他们调整了整个研究计划，包括纠正以前对研究铀的忽视。进展至11月初，他们确信慢化假说是正确的，并将注意力从中子辐照的生成物转向中子的慢化过程。1934年12月，在慢中子被发现的六周后，他们取得了意义重大的成果，并向科宾诺作了通报，他认为慢中子技术具有重大的潜在实用价值，并鼓励他们申请技术专利。在后面还会谈到这个问题。

第四章　人生转角

1. 与德国女孩恋爱

1932年，塞格雷在汉堡工作期间，认识了一个德国女孩。两人度过了一段美好的时光，但由于政治立场不同，情感终究没有敌过理智，最终以分手收场。这场恋爱在不愉快中结束并给彼此留下了创伤。

来汉堡工作之前，塞格雷曾在意大利与出身于“良好家庭”的女孩交往过，但是均以失败告终。这让塞格雷意识到，想要过正常人的生活，就要扩大目标范围。因此，在斯特恩处工作期间，塞格雷为逃避在意大利过的修道士式的生活，渴望在德国找到一个女朋友。几经辗转，他的愿望实现了。

说起塞格雷与这个德国女朋友的第一次见面，还发生了一件颇为有趣又神奇的故事。

那天下午，他还在实验室工作，正好斯特恩也在，塞格雷与女孩约定见面的时间是晚上8点钟，可是到了7点42分的时候，实验还没有结束的意思。

“一百二十五，一百三十！”

“还得等一会儿！太慢了！”

斯特恩一边叼着大雪茄，一边不耐烦地大声喊着，这让同样十分着急的塞格雷不得不将注意力转移到工作上。然而，电流计才不管你耐烦不耐烦呢，无论你多么着急也要等一百五十六秒才能得到一个数据。

斯特恩转过身去看电流计反射的亮点，塞格雷坐得比他高，在半黑暗的房间里只能看到仪器的亮点和斯特恩闪闪发光的脑袋。这时候，塞格雷利用有利位置偷瞄了一下钟，晚上7点42分，而他必须在8点钟之前赶到见面地点——艾斯普拉那德宾馆。

塞格雷作为一个外国人，德语讲得不好，对当地用语的含义和风俗习惯又不大懂，更不要说理解人们微妙的手势和动作了——德国和意大利对这些手势和动作的解读有不同的含义，所以说，塞格雷能有这样的机会实属不易。另外，塞格雷受到的家庭教育和自身养成的一些骑士风度也使他不愿意迟到，哪怕一分钟也不行，尤其是在冬天——当时正值汉堡的2月份。因此，他告诉自己，最晚必须在8分钟之后离开。

可是，这并不是一件容易的事儿。当头儿，或这里的同事们所称的“厨师长”一心扑在实验测量上时，他就变得不近情理，不相信世上还有比分子束更重要的事情。再做几个点，曲线就可完成……今天晚上的工作就到此结束？塞格雷心里很清楚，这是不可能的，他知道接下来会是什么，而他只不过是骗骗自己罢了。一次测量后，再来一次，可以一直进行到11点。如果斯特恩在这个时候转过身来，他肯定会看到塞格雷一脸的不耐烦。

“要是仪器突然坏掉了的话……”这种“罪恶”的念头开始在塞格雷的脑袋里打转，但是他马上扼杀了这种思想苗头，他怕自己做出出格的事，比如偷偷把活塞猛地拧到底，结束当晚的工作。他不敢这样想，因为他明白这样做的后果会很惨。就在刚才，因为塞格雷将自己的指针转得太快，已被斯特恩第二次训斥了。

该怎么办呢？正当塞格雷决定豁出去跟斯特恩坦白的时候，事情出现了奇妙的转机。

“今晚就到此吧！”斯特恩转过身来说，接着起身离开了实验室，再也没说一句话。此时7点48分整。心灵感应？圣人保护？不管哪种原因，反正塞格雷心里头乐坏了。他关闭了线路开关和活塞开关以保护仪器，又用斯特恩的高级科隆香皂洗了手，味儿很好闻，塞格雷很喜欢用，尽管水冰凉。最后又看了一眼各种标度盘，穿上大衣匆忙离去。

天很冷，他一路飞跑过去。就这样，塞格雷准时赶到了艾斯普拉那德宾馆。他们的第一次见面很愉快。

天气寒冷，外面的人很少。塞格雷凭着“白手套、黑帽子、皮大衣，个子很高”这些特征很快就认出了那个女孩，此时她刚从一辆有轨电车上下来。

“晚上好！佛罗勒恩小姐？”

“是！”

“塞格雷。”

“哦！”

几句寒暄之后，两人得赶快找一家店暖和一下，按照女孩的建议，他们去了阿尔斯特馆。庆幸的是，佛罗勒恩小姐讲话很清楚，塞格雷可以很轻松地听懂她的话。

坐下来之后，塞格雷扫视了四周，环境很高雅，基本上没有人，经验告诉他，这样的地方一般会很贵，往往“危险”隐藏在菜单里。他开始有些许不安，但是又提醒自己不应该有这样的想法，可又控制不住。服务员过来了，佛罗勒恩小姐点了一杯茶，塞格雷要了巧克力，因为他喝茶会失眠。这时他笑了，因为茶和巧克力很经济。

在经济衰退的年代，德国姑娘懂得钱的价值。很多人挣扎在饥饿线上，谁能忘掉早晚上班高峰期挤在电车里的人们脸上的表情？电影也让姑娘们认识到节俭会得到回报：在电影的爱情故事中，得到美满结局的女主人翁总是喝柠檬水，而香槟却留给那些不欢而散的人。塞格雷对她的节俭很满意，请她用蛋糕，她拒绝了。

接下来，他们开始谈话。塞格雷第一次好好打量她，用他自己的话说就是用蛇般的眼睛看她，像他们开玩笑说拉赛蒂那样。她穿了一身蓝色衣服，没有什么特别之处，像汉堡的绝大多数中产阶级女孩一样。梳着一头黑色短发，从中间分开，样子有些肤浅。她的脸很漂亮，但是一张极富变化的脸，一个微笑，眼眨一下或嘴动一下都会大大地改变她的表情。她的牙齿很一般，鼻子略嫌大，眼睛近视但很生动。在塞格雷看来，她的长相极像一个意大利人，但他没有轻率地问她是哪里人。

谈话从轻松的话题开始：旅行和书。很快，塞格雷就发现，对面坐着的是一位聪明的女孩。他们谈到政治，并没有谈人们习惯谈的结局难料、异常杂乱的德国国内政治，而是从外国政治谈起。塞格雷表达了自己的和平主义议论，但遭到了冷淡和充满怀疑的答复，出于信念和面子，塞格雷激烈地坚持自己的观点。但佛罗勒恩小姐宣称信仰国家社会主义，尽管没有露出狂热，塞格雷还是没有问她是不是犹太人。接着他们转向了一个较安全的话题——旅行。塞格雷去过欧洲一半以上的地方，所以很容易找到共同话题。他们谈了挪威，还聊到了意大利的加尔达湖地区。两年前，佛罗勒恩小姐曾与姨妈和另外一个人去过加尔达湖地区，塞格雷很快发现她对该地区的记忆要比自己清楚。而且在谈话间她眼睛里闪出光芒，在塞格雷看来，对美景的回忆和姨妈都不可能激起如此强烈的感情，因此他怀疑与她同行的那个人，当然这与自己无关。

天不早了，塞格雷提议送她回家。街上几乎没有人，黑暗中两人都没有说话，塞格雷则想象着夏天路两边的树上长满叶子的情景。将她送到家门口后，塞格雷坐电车返回，却在汉堡一个不熟悉的地区下车了。这让他很恼火，想到奖学金和工作，他对自己说："这是怎样的生活？老天，这是怎样的生活？"

之后他们经常见面，看电影、跳舞、看戏或待在一些比较舒适的地方。两个人随着了解的加深，开始介入对方的生活。塞格雷会很有心地记住佛罗勒恩小姐常提起的人名，并与各种事情联系起来。慢慢地，塞格雷意识到他们潜意识地在为将来撒下种子。因此，他告诉自己要小心行事，不要造成不可弥补的裂痕。虽然彼此也会有不和谐的时候，但是偶尔的一件小事、一次交流都会让人感到满足。在塞格雷看来，那段日子虽然平淡，但很有趣，而且他们之间的关系正变得牢固起来。

他们偶尔会去跳舞，虽然塞格雷的舞技不佳，两人也可跳得很开心。有一次，塞格雷饿着肚子从实验室冲到了"博卡奇奥"。两人先是交谈，相互说了一些自己的事情，现在塞格雷也证实了当初对于佛罗勒恩小姐发生在加尔达湖的事情，那是她生活中很重要的一段浪漫插曲。此时，他们的关系已经很好。塞格雷坦率地告诉她，自己并不是一个好的舞伴，佛罗勒恩小姐同样坦率地告诉他，如果想跳时就会告诉他。这让他放下心来。

音乐响起来了，是一首《晚上好，亲爱的，我为你祝福》……也许被音乐打动，两人起身走进人群中，此时本想着回家的塞格雷也被人群的气氛感染，在闪闪发亮的地板上跳起了狐步舞。几轮狐步舞之后，塞格雷开始兴奋起来，他突然发现自己很喜欢跳舞，比以前任何时候都喜欢。舞厅里的人很多，每跳几步都要与人相撞。

佛罗勒恩小姐的发卡蹭在塞格雷的脸上。周围的气氛很热烈，塞格雷似乎被某种兴奋的情绪所劫持，可能是环境带动了他，也可能来自他臂中搂着的生命。他们都很兴奋，不自觉地两个人挨得很紧，此时塞格雷明白他们的关系已经发生了质的变化。他们跳了一曲又一曲，在地板上不断旋转的同时，一种甜蜜、温暖的感觉笼罩着他们。塞格雷把脸贴在她的脸上，但还是有点胆怯，尽管别人都这么做。整个夜晚他们都在亲密的心照不宣中度过，那是一个迷人的夜晚。

舞厅散场了，已是深夜2点钟，但是晚上11点就开始困了的塞格雷此时却想继续留下来。他像往常一样步行送她回家，两个人都沉默着，气氛有些沉重。塞格雷怕不合时宜的语言打破了彼此内心的幸福，便一个字也不敢说。他有一股想吻她的冲动，想了一分钟，却保持着一定的距离吻了她的嘴唇。塞格雷想让她明白，他真的很高兴，但不愿意多讲话。她完全理解，两个人互相抱着胳膊继续向前走着。到了家门口，塞格雷吻了她的手，然后迅速离开。此时内心充溢着巨大幸福的塞格雷耳边响起了丹依佐的一句诗："孤屋里香气醉人，远胜四月的森林。"

还有一次，已是午夜时分，塞格雷送她回家。当时天不太冷，但风很大，又下着雪。佛罗勒恩小姐紧挨着他，结果雪从她穿的小马皮衣服上滑下来都黏在了塞格雷的大衣上，使他变成了一个雪人。塞格雷完全不以为意，仍然情绪高昂，脸迎着扑面而来的雪花，尽情享受着这种不常见的天气。他们都陶醉于此时欢乐的时刻，两个人挨得很紧，能够感觉到彼此的体温。到达后，他们挥手告别。此时，塞格雷才发现衣服上的雪已被电车里的热气融化了，大衣已经全湿透了，全然没有了诗意。但他的心情依然是愉悦的，他感觉到那天晚上的空气中有一种新的气息，也许春天的花朵已在雪下面悄悄开放了呢。

复活节之前，塞格雷回了趟意大利，此时他的内心充满了不舍，尽管只是短暂的离开。汉堡已有他太多的牵挂，如此时汉堡的早春一样，此时的塞格雷很幸福，内心的那种宁静、深深的快乐恰好与万物复苏的春天遥相呼应。很快他又回到了汉堡。

尽管平时两个人都忙于工作，但总是能抽出时间见面并一起度过周末。很自然地他们想到了结婚。1932年夏天，他们一起去英国度假，去了南方海滨布赖顿和温德尔附近的湖区。他们曾认真考虑过去格雷特那·格林，利用当地的风俗举行简单快捷的婚礼，但其他的计划占了上风，结婚计划被搁置。

其实，塞格雷很清楚，他和佛罗勒恩小姐之间存在着巨大的障碍，那就是政治立场的不同。佛罗勒恩小姐是一个德国民族主义者，而且看起来很像一个纳粹，而在塞格雷看来，纳粹思想充满了邪恶性。此前他们一直避免谈论这个话题，只管享受在一起的每一段时光。但他们心里很清楚，最后的决断终将来临。1932年底，佛罗勒恩小姐曾抄录了席勒的诗句送给塞格雷：

行进的时光映出三种影像：
将来缓缓向前，
当下如出弦之箭，
过去的荣耀在沉寂中永恒。

之后，塞格雷回到荷兰继续所热衷的禁线研究，后来回到罗马，他们彼此通信保持联络。1933年1月，塞格雷找机会回到汉堡，两个人又度过了一段美好的时光。但是，1933年1月30日，希特勒上台，他们到了要面对现实的时候了。

塞格雷深信纳粹威胁的严重性，甚至将其预测为一场大的战争——世界大战，或至少是欧洲战争。此时，意大利的立场尚不明了，在塞格雷看来，当局者的话又不可信，职业使然，塞格雷具有了世界主义态度和广泛的国际交往。费米和拉赛蒂经常考虑移居国外，塞格雷也有此打算，但首要前提是，他未来的妻子要与他有相同的立场。而这构成了他和佛罗勒恩小姐之间不可逾越的高墙。

1933年，从佛罗勒恩小姐寄给塞格雷的诸多通信中不难看出，她在理智与感情之间的冲突。塞格雷经常与物理学家朋友们以及里卡多谈论此事，后来在里卡多的帮助下，塞格雷终于选择面对现实，就目前的关系来看，他们的结合将会是愚蠢的，不可能会幸福。就这样，两个人最终分手，并给彼此造成了创伤。后来，1937年，塞格雷去哥本哈根出席物理学会议，返回途中又到汉堡见了她，但那次见面的感觉并不美好。

与佛罗勒恩小姐分手后，塞格雷对待感情的态度有些玩世不恭，他想迅速再找一个女朋友，借此忘掉之前的那段，用他的话说就是：“（老）国王死了，（新）国王万岁的方针！”但是实施起来并不顺利，他接连见了几个女孩都并不如意。

他的父母期望他找一个意大利犹太姑娘，但他对意大利女孩不抱太大的幻想。在父母的建议下，塞格雷开始了相亲历程。其中一个姑娘叫费拉拉，与里卡多在同一家医院，塞格雷借口去看里卡多顺便见了那姑娘，但没留下什么印象。接下来是一位那不勒斯美人，条件很好，塞格雷开门见山地告诉她，由于当前复杂的局势，自己有可能会选择移居海外，问她意下如何。姑娘则表示不能远离家乡和亲人，这次相亲也无疾而终。另一位意大利女孩，塞格雷爱了她十年之久却始终未赢得芳心，两人一直保持着朋友关系。

与德国女孩的恋爱无疾而终，之后又经历了几次失败的恋爱，直到1934年初遇到埃弗利蒂·斯皮洛，塞格雷才与之步入了婚姻的殿堂。

2. 进入婚姻殿堂

从德国回到罗马以后，塞格雷与他最亲密的顾问里卡多·黎多尼讨论了自己在爱情方面遇到的难题。由于里卡多也遭遇到类似的感情伤害，所以两个人聊得很投机，最后塞格雷决定忘掉过去，需要再找一个德国女孩，生活在意大利的最好，但绝不能是纳粹分子。

1934年初，塞格雷遇见了埃弗利蒂·斯皮洛。埃弗利蒂于1907年10月2日出生在奥斯特罗沃，当时东普鲁士的一个德国小镇。她的家族是典型的犹太资产阶级世家，在感情上把德国当祖国，说德语。她的父亲名叫麦克斯，是著名化学家弗里次·哈贝尔（1868—1934）的大表弟，在希特勒出现以前，他以热爱德国而闻名。一战后，奥斯特罗沃被反德、反犹太的新波兰吞并，实际上斯皮洛家族也被波兰人驱逐，他们迁移到了布雷斯劳。在迁移的过程中，麦克斯损失了一大笔财产。埃弗利蒂的母亲（娘家）姓名为歌特露蒂·阿谢特，她的兄弟都是法官和律师，埃弗利蒂姐妹三人，姐姐嫁给了一位人品极好、反对纳粹的教育学教授彼得·舍贝尔，妹妹后来成了一名护士。

埃弗利蒂长得很漂亮，聪明又精力充沛，有着德国人的气质，在对待纳粹的态度上，塞格雷和她交谈后发现这丝毫不用担心。塞格雷称呼她为“那位斯皮洛”。

埃弗利蒂在德国时曾是社会党政治家赫尔曼·卢德曼的秘书，后来因政治原因遭到解雇，被迫移居国外，1933年8月，来到了意大利。她急需解决的问题是找到一份工作，做到经济自立。她很干练、爱整洁，工作中积极主动，什么正当工作都愿意做。最初来到意大利是因为父亲有些关系在这里，但事实证明，那些所谓的关系都毫无用处。在换了几份工作之后，1934年6月，“第十一届乙炔、焊接、气焊和相关工业的国际会议”在罗马召开，她任秘书兼翻译，一直干到会议的文集出版，那时候该组织也解散了。

1934年春天，虽然两人都很忙，此时塞格雷正在研究中子，埃弗利蒂在筹备开会，但还是能抽出时间一起出游，他们一起游览了罗马近郊的一些景点。塞格雷从剑桥回到罗马后，两人一起去了多洛米蒂山区。有一天，两人走得汗流浃背，看到一个山间小湖，只见埃弗利蒂二话没说换上泳衣就下水了，不甘示弱的塞格雷也跳入了冰冷的水里，冻得够呛，差点没被淹死，埃弗利蒂却游得不亦乐乎。在帕涅维吉奥，塞格雷教埃弗利蒂玩木球，她立刻就爱上了这种游戏。在她生命的最后一天，他们玩木球的时候她还回想起塞格雷第一次教她的情景。回到罗马后，塞格雷经常开车去埃弗利蒂的住处接她上班。10月份，中子研究进入高潮阶段，但两人仍有几周开心地待在一起。秋天的罗马很漂亮，他们常去弗拉提那路光临那些历史悠久的小酒馆，会买好吃的水果，如果有时间，他们还会在午后去游泳。1934年的最后几个月，塞格雷向她解释了中子研究的意义，并把她介绍给了自己物理学界的朋友。

会议结束后，埃弗利蒂不得不寻找其他工作。她当过旅店的会计，后来在一所专收犹太儿童的“地区学校”找到了工作。

随着与埃弗利蒂越来越多的了解，塞格雷觉得他所希望妻子具有的品行她都具有。因此，塞格雷把她介绍给了父母。父母逐渐对埃弗利蒂有了好感，后来感情变得越来越好，拿她当亲生女儿一样疼爱。他们也去拜访过表嫂阿达·黎米尼，里卡多的母亲，她很喜欢埃弗利蒂，后来常常请他们去家里吃饭。

此时已30岁的塞格雷开始考虑结婚的事情了，两个人有着共同的世界观，这为婚姻奠定了稳固的基础。但塞格雷想得更长远，一方面，他希望在结婚前能得到某所大学的教授职位；另一方面，随时考虑移居国外。

接下来就有了一个竞争教授职位的机会。1935年，巴勒莫大学的米歇尔·拉罗萨教授去世，有了一个实验物理学教授职位的空缺。关于塞格雷与拉罗萨教授的交集还有一段趣事。

几年前的一天，科宾诺把塞格雷叫到研究室，给他一张光谱线的照片，问他是什么谱线。塞格雷看了之后说，是水银的谱线，但胶片曝光时的温度太高，以致片基软化并且谱线宽度变得异常大。

“今天下午你可以制出一张类似的胶片吗？”科宾诺问他。

“当然可以。”塞格雷回答道。

此时他才注意到屋里还有一位陌生的先生，听到科宾诺介绍说他是拉罗萨教授的时候，塞格雷意识到自己闯祸了，果然那个胶片是拉罗萨制出来的。拉罗萨是位大人物，但是他当下的表现却不出色。当然，塞格雷还是按要求制出了水银谱线的胶片，交给了科宾诺。有意思的是，几天后，拉罗萨给塞格雷写了一封措辞友好的信，但字里行间却透露着矛盾的心理。他感谢塞格雷指出了他的错误，并说他“希望能在适当的时机以类似的方式回报”。这在塞格雷看来可不是什么好话。

此时的塞格雷想起了1933年的教授竞选，很担心历史会重演，但在他看来，如果正义占上风的话，他胜出是完全没有悬念的。塞格雷对自己很自信，当然他的确有这个实力。不管怎样，怀着美好的期望，塞格雷提出了申请。

1935年夏，塞格雷又得到一次随费米访美的机会。此时，他正筹划着两手准备，如果赢得教授职位，当然会回到意大利，但是万一落选，他打算在美国找工作并留在那儿。而且当下政治局势越来越紧张，给埃弗利蒂更换护照和取得美国移民签证变得越来越困难。

临行前，塞格雷把所有的流动资产都交与了埃弗利蒂，并希望她能把全部现金立即用光，也许是因为当时墨索里尼采取了某些行动的缘故。埃弗利蒂照做了。

到了美国后，塞格雷和费米像往常一样先去了安阿伯市停留了一下。费米八月底返回意大利，塞格雷则接受了哥伦比亚大学校长G.B.佩格拉姆的邀请，转访该校，两人之前曾有过通信。哥伦比亚大学的物理系有一个小组积极从事中子研究，佩格拉姆也是成员之一，用的中子源相似，但那里的仪器比罗马研究所的要好，而且机工车间也比罗马大学的强得多。

在哥伦比亚大学期间，塞格雷大部分时间都待在实验室。不久之后，拉赛蒂也过来了。小组成员做了几次实验，有一次拉赛蒂预言的结果与实验结果不一致，这下可给了塞格雷机会，以前他都称呼拉赛蒂“尊敬的大师”，现在终于有机会教训这个“尊敬的大师”，而且看到拉赛蒂吃惊的样子，塞格雷更是得意。

政治局势越来越恶化，塞格雷想在美国找份工作，但此时的美国也弥漫着一定程度的反犹主义和排外主义，并且刚刚大萧条过后，工作并不好找。拉赛蒂曾给塞格雷看过一封信，是芝加哥大学一位著名化学家写来的，信中说只要拉赛蒂不是犹太人就为他提供一个职位。看过信后的塞格雷更加沮丧。

既然工作不好找，塞格雷索性决定在纽约等待巴勒莫大学教授职位竞争的结果。此时的费米已是响当当的大人物，而且评选人之中至少会有一位新一代物理学家，塞格雷对此次的胜出有了很大的信心。10月底，塞格雷接到费米的电报，通知他是三名候选人之首，其后是安东尼奥·洛斯塔尼和G.托德斯科。除费米外，评选人还有A.坎佩蒂（主席）、劳莱托·迪埃里、安东尼奥·卡莱里和U.克鲁代利。其中只有费米和卡莱里理解现代物理学。

1935年11月16日，塞格雷登上了驶往意大利的船。在船上他遇到了几十名赴非洲自愿参战归来的意大利人，抵达那不勒斯后，可怜的他们亲吻着家乡的土地，乐队奏乐欢迎，与法西斯当局的要人互致罗马式敬礼，然后聆听浮夸的演讲。将这一切看在眼里的塞格雷心里想着：他们肯定都疯了。

回到罗马后，塞格雷去巴勒莫赴任，并在1936年2月2日，与埃弗利蒂举行了婚礼。结婚和搬去巴勒莫，是塞格雷一生中的重大转折。

3. 在巴勒莫做教授

结婚和搬到巴勒莫是塞格雷一生中的重大转折。结婚使塞格雷从一个与父母同住的小青年成了一个家庭的顶梁柱，意味着将担负更多的责任。在巴勒莫做教授，不同于在罗马物理研究所做助理研究人员，而是成了自己研究所的负责人。按照当时意大利的法规，进一步升迁就要根据任职年限，因此塞格雷在巴勒莫的研究相对轻松了很多，写论文不必再是升迁的需要，而纯粹是学术需要和兴趣使然，这使塞格雷如释重负。他决定在巴勒莫做出一番成绩。

塞格雷一接到任命通知，便马不停蹄地赶去巴勒莫赴任。他在巴勒莫的工作有三项：编写教材、教课和搞研究。

巴勒莫大学的仪器大都很破旧了，有好几件是19世纪后期的。塞格雷在巴勒莫大学的人际关系非常好，一是因为教授们很好相处；二则是塞格雷在上任初始便明确表态说，自己将倾尽所能改善这里的物理学状况，决不会将这里当作跳板，想着哪天有了好机会就走人了。为此，西西里的同事们对他都很有好感、很友善。巴勒莫的职位不是被视为大学教授生涯开端的低级职位，也不是到达学术生涯辉煌终端的重要职位。对于西西里人来说，进入巴勒莫就是最好的选择。大学里还有一些出名的反法西斯主义者，如矿物学教授佩里埃和植物学教授蒙特马蒂尼，他们不会受到政府的照顾，想调离此地很难，还有一些年轻教授正处于学术的开端。初期塞格雷住在阿齐拉菲路的林肯公寓，离物理研究所不远。研究所的楼上是矿物学研究所，卡罗·佩里埃是那里的矿物学教授，他人很好，是真正的皮埃蒙德绅士，反法西斯主义者，年长塞格雷约20岁，两人结成了亲密的友谊，并一起合作取得过丰硕的成果，他还教会塞格雷如何规避巴勒莫大学的政治暗礁。

从美国回来之后，塞格雷就开始积极地筹备婚礼。埃弗利蒂置办了很多家用物品，家里人对她都很满意，一切妥当之后，他们于

1936年2月2日星期天结婚。当时由于埃弗利蒂的父母不能出席，并且有很多需要援助的悲惨事件，塞格雷决定一切从简。最后，为了打消教士的疑虑，塞格雷付了举办豪华婚礼的钱表示只要简朴的婚礼即可，余下的钱用于资助德国难民。对方同意了。结果婚礼当天因上一对新人留下的豪华教堂还未来得及收拾，塞格雷夫妇最终还是举行了一次豪华的婚礼。

在前面提到过，塞格雷与父亲的交谈不多，但他慢慢发现，父亲其实是很爱他的。这里有几件小事无不透着深深的爱子之心。他们去旅游之前，父亲叮嘱他别回林肯公寓，要住最好的宾馆。还瞒着塞格雷给了埃弗利蒂一笔钱，是让她用来买邮票的，以便给双方父母写信，其实即使她寄信都用专邮，这笔钱用一辈子还绰绰有余。塞格雷明白父亲这样做是考虑到自己的情况，两千里拉的教授月薪是少了点，像他早先一样，父亲决定每月补助他一笔钱，但塞格雷拒绝接受。这让父亲很恼火，并叫宾多·黎米尼充当说客，最后塞格雷转过弯来想：这笔钱对父亲来说微不足道，但帮助孩子会让他很快乐，因此塞格雷改变了主意，感恩并向父亲道谢。

回到巴勒莫后，塞格雷夫妇先对系主任和校长作了一轮正式拜访。婚后的生活很惬意，两人仍旧保持着先努力工作再去旅游来娱乐的习惯。1936年的第一个假期，他们进行了一次蜜月旅行，去了多洛米蒂山滑雪。当时还没有缆车，但从步行穿山越野的过程中也享受到了极大的乐趣。晚上他们会住在旅馆或帐篷里，虽然装有暖气，但室温还是很低。塞格雷就把电暖气的电阻丝由串联改为并联，热量输出量增多了四倍，埃弗利蒂对物理学的威力赞叹不已，但第二天早上，老板因为用电量太多而跟他们大吵了一架。

1936年的巴勒莫是一座美丽的城市，有着深厚的文化底蕴，那里有富丽堂皇的歌剧院、华丽的别墅、不同风格的古代建筑，还有很美丽的风景区。塞格雷夫妇在此度过了一段很美好的时光。但是多年以后，像大多数意大利城市一样，美丽的巴勒莫却被战争和人口的过量流入毁坏。

初到巴勒莫，一切工作都得从头开始做，包括制作仪器，另外还要编写教材、讲授实验物理学基础。并聘请了两个助理教授，毕业于比萨师范学院的B.N.卡恰波蒂和曼利奥·曼多。学生中有一位年轻姑娘，是西西里唯一一个学物理的女大学生，聪明好学，人品出众，同时热爱人文科学，为人很踏实，与塞格雷夫妇成了很好的朋友，在后来的艰难岁月里给了他们很大的鼓励和帮助。

按照学校传统的要求，塞格雷开始编写实验物理学课的讲义，写完并发表了第一卷，第二卷未能在被解职前写完。考虑到学物理的学生多数会成为高中教师，塞格雷决定编撰一本《初等物理学——从高等物理学的观点看》，他为此做了大量的工作，包括编写提纲。小乔万尼·詹蒂勒一直致力于这本书的出版工作，但不幸的是他于1942年早逝，这本书也因种族法律的实施而被终止。战后吉尔贝托·博纳迪尼重新着手编写，并于1947年出版。事实上，这本书的创意很有价值。

1936年很快就过去了，塞格雷在巴勒莫的科研准备工作还未充分就绪，其间去过罗马，费米和阿玛尔迪正沉醉于中子慢化的研究，无暇顾及他。他自己也在罗马做了一些实验。

这年夏天，塞格雷决定带着埃弗利蒂去美国看看，一是因为埃弗利蒂怀孕了，以后出游就没这么自由了；二是当前局势动荡，塞格雷想为移居美国做打算，他需要与美国的物理学家们保持接触。

1937年2月，塞格雷夫妇去了纽约，目的地是哥伦比亚大学，但因为当地天气湿热，埃弗利蒂的身体有些吃不消，因此他们需要找一个气候适宜的地方，经过考虑，他们去了伯克利。天气是一个原因，另一方面是想去了解一下劳伦斯的回旋加速器。

到达伯克利后，塞格雷定了两个计划：一是学习有关回旋加速器的知识；二是游览加州和美国西部。

劳伦斯很热情，邀请塞格雷夫妇去家里吃饭。塞格雷认识了实验室里的很多同行，还见到了老相识洛伦索·艾摩·卡波迪里斯塔伯爵。伯爵人很好又聪慧，兴趣广泛，与塞格雷夫妇成了最亲密的朋友。塞格雷发现，实验室里堆放着大量放射性废旧金属材料，想带回去一些作研究用，劳伦斯很慷慨地答应了，并且表示乐意帮助巴勒莫的研究工作。后来，塞格雷又找他要过一些，劳伦斯也主动赠送过他放射性材料，包括一片曾用作回旋加速器偏转板零件的钼箔。

学术访问结束后，塞格雷夫妇去了美国西部游览。在拉赛蒂的远程指导下，他们去了几个国立公园、死谷，参观威尔逊山天文台和好莱坞的电影厂，还深入到了纳瓦峤原野中的一些荒漠地。

回到罗马以后，塞格雷立即着手对放射性材料的研究，很快就发现里面含有丰富的放射性物质。首先离析出的是P32，塞格雷意识到它可用于生物学研究，所以他与生理学教授卡米洛·阿托姆合作，取得了较好的效果。

1937年2月，收到劳伦斯的钼箔后，塞格雷马上猜想里面可能含有43号元素，并着手研究，其间与卡罗·佩里埃、B.N.卡恰波蒂等人合作过。塞格雷和他的朋友们发现了第一个人造化学元素，战后他和塞格雷将其命名为“锝”。费米称赞他们在43号元素方面的工作是上一年度物理学界最出色的成果，塞格雷为此深受鼓舞，因为费米轻易不会表扬别人。后来，塞格雷为了进一步的研究，又向劳伦斯要了一些放射性废料。

1937年1月23日，刚六十一岁的科宾诺因急性肺炎去世，这对于罗马物理研究所来说是一个沉重的打击，他们失去了一个很好的良师益友。

科宾诺去世后，理应由费米接替他的位置，不料被洛苏尔多以不正当的手段窃取，他当上了物理研究所所长，这对费米小组很不利。而且，如果费米当选，会对意大利的物理学产生极大的推动作用。

但接下来发生的一件事让塞格雷重返罗马小组的希望愈加渺茫。

阿玛尔迪本已成功地竞争到卡里亚利大学的教授职位，但为了不必离开罗马，他回绝了这一任命，随后他接受了罗马大学的任命。阿玛尔迪成了罗马大学的教授，在塞格雷看来，这对于他的学术前途很不利，因为这样一来，塞格雷重返罗马小组的机会正在化为乌有。两人出身于同一学术圈子，塞格雷比阿玛尔迪更早担任科宾诺的助手，学术成就也不逊于阿玛尔迪，他认为，在这件事上，费米和拉赛蒂或无能为力，或者压根就没有去奋争。费米做事的原则之一是打不赢的仗不打。虽然不讨厌巴勒莫，但塞格雷更关心的是自己的发展前途，罗马的环境要比西西里好得多。后来，塞格雷又竞争了其他地方的职位，但均无果。不过，后来的事实证明，塞格雷担心的事情并没有发生，相反却有利于意大利的物理学。

塞格雷的父亲在巴勒莫的弗朗西斯科·克里斯皮广场给塞格雷买了一套全新的现代化公寓，透过窗户能看到美丽的英国花园。佛罗伦萨的戈里商行提供了家具，用了几十年，质量仍令人赞叹。另外，家里请了一个女佣，名叫蕾拉，后来与埃弗利蒂成了好姐妹。1937年3月2日，他们的儿子克劳迪奥降生。

1936—1937学年接近末尾的时候，考虑到儿子太小，他们就近选择了度夏地点，在多洛米蒂山区卡那宰的艾尔巴租了一幢房子，与阿玛尔迪夫妇结伴同游。他们也在附近为从荷兰来的巴柯尔一家和佛罗伦萨的贝纳迪尼一家找好了住处。整个暑假他们过得很愉快，有时候会去采一些野生山莓或蘑菇来做菜。

夏季中旬，塞格雷参加了几周的军训，地点在奇维塔韦基亚，罗马北边的一个古老的海港城市。有一次，塞格雷接到学校通知让他返校，墨索里尼去学校视察，需要所有的教授都在场。上校盯着想要请假的塞格雷说："巴勒莫在这个季节是不是很热？"塞格雷心领神会："热得要命。"上校说了句："回电说你正在军队服役，不许请假。"多么善解人意的上校啊！每个周末上校都会准假给塞格雷，允许他去艾尔巴与家人团聚，那里的天气很好。

服役期间，塞格雷接到家里的通知，说是父亲病危。他急忙赶到了蒂沃利，父亲一直处于昏迷状态，身为医生的里卡多认为父亲苏醒无望了，也有人开始考虑葬礼的问题。就在大家绝望的情况下，当天下午，父亲奇迹般地醒了，一周之后便已完全康复了。父亲跟惊魂甫定的家人说了一句话："我现在知道彼岸有什么了：子虚乌有。"

1937年，塞格雷接受了玻尔的邀请，参加了哥本哈根物理学会议。会议期间，每个人都集中全力地吸收知识，气氛紧张又热烈，连续多个小时专注于一个问题是常有的事。玻尔给塞格雷的印象是真正"王侯般高贵"的。

回国途中在汉堡作了短暂停留，但与"伊"的见面远非美好，物是人非，很多事情都在变。在塞格雷眼里，眼前的佛罗勒恩女士（此时已嫁人且有孕在身）已然没了往昔的灵气。在1935年9月15日塞格雷写给里卡多的信里提到了自己的感受。

1937年对于塞格雷来说，无论是在工作上还是生活上，都收获颇丰。他对埃弗利蒂越来越满意，婆媳关系也处理得很好。他们仍然保持着出游的习惯，观赏了西西里的美丽风光。

塞格雷一家的生活平稳顺利，但是当下时局动荡，塞格雷也是心存忧虑，不得不作长远打算。1938年6月25日，塞格雷起程去了美国。

4. 独自去美国

塞格雷之所以打算去美国，前面提到的是一个原因，研究上遭遇的瓶颈是另外一个重要的原因。塞格雷明白，43号元素的发现更大程度上缘于可遇不可求的运气，在巴勒莫很难再有第二次这样的好运气。因为巴勒莫的仪器落后，缺少实验所需的放射性物质的来源，大学的经费虽然充足，但一多半都要用于车间和添置设备，未来并不明朗。实质上，塞格雷更倾向于“不用仪器的物理学”，即理论物理，这也源于他在罗马受过的教育。他曾试图向洛克菲勒基金会和意大利研究基金会申请一些资助，但都无果。

为了增强巴勒莫大学物理学的活力，塞格雷决定设立一个理论物理学教授职位，事情一波三折，最后威克胜出，塞格雷对此很高兴。

在巴勒莫大学教授的职位竞争中，小乔万尼·詹蒂勒的父亲为使儿子免遭落选，便动用了自己的关系，致使教职委员会在1937年10月25日的会议上宣布了一项极不寻常的建议。主要内容是要根据马约拉纳“格外突出的学术成就”任命他为教授，而在此任命出结果前巴勒莫职位的竞选暂时中止。最后，最有希望胜出的马约拉纳成了那不勒斯的教授，小乔万尼仍旧落选，威克胜出。

马约拉纳去了那不勒斯大学，教授理论物理学。几个月后，他给同事卡莱里留了个便条说要自杀，然后去了巴勒莫。到了巴勒莫，他又打电话说改变了主意，同时他又给卡莱里寄去了一封信。看到这些信件，可以想象卡莱里有多惊慌。后来动员了很多朋友到处寻找马约拉纳，但都没有找到。大家觉得最有可能的推测是他跳海了，却始终没有找到他的遗体。

1937年秋，塞格雷从哥本哈根回到巴勒莫，和佩埃里继续研究43号元素，但成果甚微。此时他寄希望于邮往伯克利接受辐照的包裹，但是43号元素的短寿命同位素无法从加州运往巴勒莫，塞格雷决定1938年夏天去趟伯克利，并且已提前做好实验方案。

同一时期，有人邀请塞格雷参加巴勒莫的扶轮社，意大利的扶轮社与美国的扶轮社有很大差别。在巴勒莫，扶轮社成员只限于本地的重要人物，并且它与法西斯主义无关，父亲力劝他加入。这也说明，塞格雷已被当地人喜欢并接受。

伴随着希特勒来访问墨索里尼的可怕消息，政治形势继续恶化。考虑到克劳迪奥刚一岁，塞格雷决定先让埃弗利蒂和儿子留在意大利，自己独自去美国。1938年，申请去美国的签证很困难。几经周折，塞格雷得到了去美国的签证，而埃弗利蒂和克劳迪奥没有得到。临行前，塞格雷去蒂沃利与父母道别，父亲对他说：“你走得对，如果我年轻五十岁，也会这样做。”这是他们最后一次见面。

1938年6月25日，塞格雷踏上了美国的旅途，并打算在10月开学时回来。

第五章　辐射实验室

1. 回旋加速器——初到伯克利

1938年7月13日，塞格雷到达纽约，本来打算在秋季开学时返回意大利，然而未来发生的一切都无法预料。在美国期间，塞格雷参与了多次重大历史事件，包括参与研制原子弹。最后他取得了美国公民身份，有了稳定的大学职位，在这里重建了自己的生活。当然，在这期间战争让他与家乡的亲人远隔两地，父母遭受的苦难让他终身铭记，当他再次踏上意大利的故土已是九年后。

到达纽约期间，塞格雷通过报纸得知：意大利通过了反犹太主义的新宪章《种族宣言》。更加印证了列奥·西拉德说的，塞格雷想在十月份返回巴勒莫几乎是不可能的，墨索里尼必会采取希特勒的种族主义政策。这让塞格雷的内心蒙上了一层阴影。

国际局势很不乐观，塞格雷来美国的初衷是想在此落脚扎根，但一开始并不顺利。一方面是因为美国的劳动力市场已渐趋饱和；二是塞格雷作为科学家已具相当声望，但还不足以轻易找到工作。但本来在巴勒莫有稳定职位的塞格雷并没有患得患失，而是积极投入到了重建生活的忙碌中。

在伯克利生活的初期，老友洛伦索·艾摩给了塞格雷很大的帮助。洛伦索是一位伯爵，英俊又精于世故人情，有足够的资产维持闲居生活，看上去像是“多情的蝴蝶”，在大学和实验室的同事及夫人们中间极有人缘。他很善于察言观色，从不轻易赞扬人。洛伦索教给塞格雷很多东西，比如教他跳小步舞，怎么与各类人打交道等。重要的是，塞格雷与洛伦索之间开诚布公，无话不谈，在塞格雷最艰难的日子里，可以很信任地与洛伦索谈论对欧洲局势的担忧。他们保持了终生亲密而牢固的友谊。通过洛伦索，塞格雷结识了一些人，有唐·库克赛（劳伦斯的挚友）、弗朗西斯·詹金斯及妻子亨莉埃蒂、罗伯特·布罗德及妻子伯妮斯，还结识了乔科莫·安柯那博士，两人保持了终生的亲密友谊。

1938年的回旋加速器还很简单，在没有深入了解其作用机理、没有在理论上解释清楚的情况下，主要凭经验方法来发展。它的控制者们主要关心的是如何把它建造得更大，以及如何把它用于物理学之外的领域；至于怎样在核研究中有效地利用已有的装置，几乎没有考虑过。在某种程度上来说，辐射实验室初期使用的方法类似于爱迪生或马可尼等人的技术开发方法。劳伦斯也主张出大力胜过动脑筋，这种理念在后来的研究指导上出现过不止一次。由于资金影响着加速器的发展，所以劳伦斯把多半时间耗费在了筹款上。

初到实验室一周后，塞格雷就发现了问题。回旋加速器固然出色，但测量放射性的方法还有改进的余地，他决定把电离室建造成他在罗马和巴勒莫使用的类型，但是需要配合静电计使用，不料在向劳伦斯申请购买静电计时被拒绝。结果在劳伦斯的要求下，制作了一个直流放大器，当时碰巧接受了这方面的专家李·杜布里奇的帮助，后来这个简易仪器被用于多个项目。

随着对实验室的了解，他发现了与之前接触过的实验室有很多不同的地方。这里的学生很自由，没有人指导。他曾向劳伦斯主动提出愿意指导这帮学生，但遭到了冷淡回应，意思是这里不像德国的大学，没有大人物统领他们，给予学生充分自由。

但塞格雷很快就明白了真相，劳伦斯只关注回旋加速器本身及为实验室组织多样化的研究活动上，对核物理学并不感兴趣，了解也甚少。学生们更多的是作为建造和维护加速器的廉价劳动力，任何背离这种出发点的行为都不受欢迎。

后来，塞格雷明白，劳伦斯的一系列做法是有他的考虑（如前所述），而且比他先前认为的要有远见。

辐射实验室里人才济济，塞格雷也结识了一些朋友。其中L.W.阿尔瓦雷兹和E. d. 麦克米伦属于一流科学家，R.L.索恩顿、M.D.凯门和R.R.威尔逊则才华出众，略低水平的则有保罗·艾伯索尔德、罗伯特·科诺格、菲利普·艾贝森、大卫·卡尔伯菲尔及一些研究生和博士后研究人员。实验室里还有一批医学博士，主要将核辐射应用于临床和科研。由于为实验室提供资金的基金会主要看重核辐射的医学用途，尤其是对癌症的治疗，因此在这里的医学界研究人员享有特权。

唐·库克赛在实验室里有着很高的地位，他是劳伦斯的挚友，两人在耶鲁大学相识。库克赛出身于富裕家庭，对学术没有太大抱负，他颇有风度且为人慷慨，对劳伦斯帮助很大，劳伦斯视他为最亲密的知心朋友和顾问。

到伯克利不久，塞格雷还认识了格伦·西博格。西博格当时是著名化学家G.N.刘易斯的研究助理。两人刚认识，他就提出与塞格雷合作。经过短时间的接触，塞格雷对他有了大致的了解，但最后发现，这只是他的一面。西博格对任何事情都抱有兴趣，总是眼观六路、耳听八方，他认识化学系里的每一个人，总是能搞到想要的任何东西。作为刘易斯的助手，不仅要帮助他进行有机化学研究，还要为他的设想提供支持。除此之外，他自己也忙于文章撰写与同位素表的数据收集，之所以能完成大量的工作，都源于他严格自律、工作刻苦耐劳，做事有始有终，并且头脑灵活、心思缜密，对科学有着持久的热诚，还有着非凡的组织能力，但他在物理学和仪器研制方面并不在行。两人的合作，让塞格雷想起了与巴柯尔的合作，但事情并不如想象的美好，他逐渐意识到了西博格的野心和强烈的功名欲。

塞格雷为自己制订了基本的计划：一方面会尽力做好辐射实验室一员的分内职责；另一方面，尽量保持自己的特色，不至于被同化。他决定利用回旋加速器做出成果，同时也对实验室有利。结果不久后很多学生都加入到塞格雷的工作中来。吴伯雄就是第一个，她认为在塞格雷这里能学到东西，塞格雷对她的印象很好，两人保持了终生的友谊。博士后研究人员小阿列克赛·朗斯多夫对劳伦斯感到失望后也加入了进来。

来实验室不久即开展了第一项研究，与西博格一起寻找锝的短寿命同位素，这是塞格雷在巴勒莫工作的延伸，也是他来伯克利的首要原因。他们发现了核素的同核异能现象，并将兴趣集中于此，并没有想到在若干年后，它被用作颇具效力的诊断工具，成了核医学的主要支柱。

1936年，C.F.冯·魏扎克对同核异能的激发态进行研究之后，做出推论认为存在大量的内转换电子。塞格雷和西博格发现了这种电子，并于1938年9月14日向《物理学评论》杂志报告了这一发现。但奥本海默告诉劳伦斯他们的结果是错误的，结果劳伦斯给杂志编辑打电报请求停止发表这一报告。塞格雷对此作了一定限度内的抗议，直到布鲁诺·庞特科沃对铑的实验取得了类似结果后，他们的报告于1938年10月14日再次送交《物理学评论》杂志。

这是塞格雷与奥本海默的最早接触之一。塞格雷对奥本海默的印象并不像大多数人眼中的神一样，相反带有些许质疑。他讲课晦涩难懂，难免故作高深，但也吸引了不少天才学生。他的学生们对他总是执着不疑，还会模仿他走路，如同在罗马大学塞格雷与同伴们模仿费米一样。已习惯了费米简洁明了的路子，与费米的稳健和厚重相比，塞格雷认为奥本海默为显示博学而有故弄玄虚之嫌。他们的物理研究论证严格，但由于经常选择时机不成熟或力不能及的课题，致使成果意义不大。奥本海默在宇宙线、原子和原子核等方面的探索性研究蕴含着许多高见，但大都没有取得确切结论，但他对美国理论物理学的积极影响是显著的，他的好几个学生也取得了重大成果并赢得了应有的声誉。

塞格雷并没有随大溜地表示对奥本海默的尊崇，或许因为他掩饰得不够好，奥本海默在很长一段时间里都表现得不大友善，当然没有公开流露。在1938年的伯克利，塞格雷认为，奥本海默把他看作是一个十足的法西斯分子。按照意大利法律，国家雇员都要加入法西斯党，塞格雷很清楚自己根本不会真心拥护法西斯，相反，他对奥本海默的信仰满怀不屑与怀疑。后来，奥本海默邀请塞格雷加入他的原子弹研制队伍，在塞格雷看来，这是一次例外。

对于当前的国际政治，当时的美国同事大都持孤立主义观点。他们认为欧洲发生的事与美国无关，只要美国人自己管好自己的事，就不会卷入欧洲人的争斗。在塞格雷看来，他们并没有认清希特勒的本质和他统治世界的野心，而对他的真实意图抱有相当多的乐观主义猜想，但是事实证明，希特勒的企图要比最悲观的预测还要罪恶得多。为数不多的人，像奥本海默一样奉行左派路线，他们对由资本主义国家的帝国主义者挑起的欧洲争斗选择视而不见，认为哪方获胜都无关紧要，如果两方自相残杀以致充分削弱，那么俄罗斯“母亲”必会继之建立千年盛世。塞格雷对这种观点同样嗤之以鼻，他试图说服孤立主义者，事情的真相远没有他们想象的乐观。对于左派的信徒，他则毫无办法，因为这种坚持源于宗教情感而非政治理性。然而，罗斯福总统要比美国民众对局势看得更远也更清晰，当然他在说服民众擦亮眼睛上面也费了不少力。

法西斯主义《种族宣言》颁布之后的一系列动作表明，局势越来越动荡，塞格雷也格外警觉来自意大利的消息，而内心的忧虑只能跟艾摩诉说。1938年7月底，塞格雷决定把妻儿接到加州，在美国扎根。10月上旬，他们一家团圆。

2. 一家团圆

《种族宣言》公布以后，塞格雷意识到意大利将要采取法西斯行动，所以决定把立刻妻儿接到加州来。

1938年7月底，塞格雷写信要埃弗利蒂打点行装来美国，她立刻同意。在那段时间，埃弗利蒂身心疲惫，要照顾一岁的儿子，办理相关手续时还要应付难缠的官僚主义。处理完西西里的事务返回巴勒莫时，埃弗利蒂累得病倒了，此时她还没有得到美国的签证，公寓也没有封闭好。塞格雷的学生吉娜塔·巴蕾西和她的上校军官父亲帮了他们很多忙，办好了手续，又帮忙封闭了公寓并寄出相关物品。塞格雷对此很感激，他在1939年8月3日写给父母的信中表达了这种感情：“同胞们现时的行为很得体，这使我很高兴。但在对吉娜塔那种人有了更深刻的了解后，如果我能选择，我宁愿选择做西西里人。”在埃弗利蒂去美国途中，塞格雷也一直担惊受怕，担心敌对行动爆发时妻儿刚好在船上。那段时间，塞格雷和艾摩因为种种此类的事情烦扰，以致吃不下任何固体食物，只靠牛奶冰激凌饮料生活。但一切都很顺利，没有发生任何变故，10月上旬，他们一家终于团圆。

在埃弗利蒂到达前，塞格雷在詹金斯的妻子亨莉埃蒂的建议下，租了一套房子。虽然外观平常，也有些陈旧，但房子够大，位置也便利。搬到美国之后的最初一段时间，埃弗利蒂很辛苦，家里没有女佣，所有的家务活都落在她一个人肩上，还要照看孩子。1939年5月，他们买了一辆车，机动能力大为增加。

在美国，塞格雷一家结识了很多好友，渐渐地了解了美国的生活方式，并适应了美国的习俗。这些朋友如布罗德、詹金斯及他们的妻子，还有艾利逊、唐·库克赛，他们经常一起出游，塞格雷还从詹金斯那里学会了钓鳟鱼，在后来的多年中，这项运动带给了他很多快乐。

此时，他们还面临着一个重大而紧迫的问题——获取移民签证。由于持有的是旅游签证，有效期为六个月，塞格雷的签证到1939年1月就会失效，所以这件事很紧迫。为变更签证，他尝试了很多办法，包括求助于所谓帮助移民的服务机构，请哥伦比亚大学校长佩格拉姆写推荐信，然后求助于伯克利的大学官员，但这些都徒劳无功。最后，他认识到最好的办法还是自力更生，他索性拿着推荐信和以对法律的充分了解，去了美国境外最近的领事办理处——墨西哥的墨西卡利。1938年11月16日，塞格雷取得了移民签证。1939年2月，埃弗利蒂和克劳迪奥也拿到了签证。但后来，塞格雷在报纸上得知，那个曾给自己办签证的领事因出卖签证而被判有罪！

1938年11月29日，塞格雷一家在美国度过了第一个感恩节，客人有艾摩和布洛赫。此时，黎米尼家的表亲也由意大利搬去了乌拉圭的蒙得维的亚。

1939年2月2日，塞格雷一家庆祝了父亲朱佩塞的八十岁寿辰，并在此前写信祝贺。

1939年5月10日，安吉罗一家搬到了纽约，但安吉罗的事业并不顺利。最初在哥伦比亚大学谋到一份经济史的教职，但因与所有人都吵翻了，遂放弃教职改为绘画，画展虽取得一定好评，但并未有钱财上的回报，安吉罗也并未在出售作品上努力，所以，他们一家的生活费都来自家族的钱。家族的那笔钱由塞格雷代为管理，但安吉罗曾一度对塞格雷有误解，对他的做法并不满意，当然塞格雷对此很委屈。塞格雷认为，如果父母迁到美国来，管理权则交到父母手上，还要考虑可能发生的紧急情况，到时候可以随时应对。他还主张自己家里的花销应靠自己的薪水。塞格雷每月给安吉罗一百五十美元的津贴，理应够用，但安吉罗认为太少了，并向父亲诉苦，但父亲表示支持塞格雷的方式。后来，安吉罗的儿子生病，塞格雷将自己的一部分钱寄给他，结果安吉罗并不领情，认为他是在赔偿自己之前错用掉的钱。

1938年和1939年，塞格雷的父母至少在物质上与过去差不多，他们还是经常去旅行。塞格雷的朋友们经常去拜访他们并给予很多鼓舞，对于这份尊重与友好，父亲在信中多次表达了欣慰之情，而且父亲的信中总是充满着巨大的精神力量，对事态的分析很有远见。多年后，塞格雷再次翻看这些信，仍然感动不已。

3. 在伯克利的尴尬处境

此时的塞格雷在伯克利并没有取得稳定的职位，随时有可能被告知离开，他一边努力争取留下来，一边谋求别的出路，所以在一段时间内塞格雷的处境很尴尬。但这都是暂时的，他在辐射实验室取得了很好的研究成果，并最终有了一份较稳定的教职，渐渐摆脱了这种境地。

1938年，刚到辐射实验室几周后，劳伦斯建议塞格雷将结束研究的时间延到10月份以后，10月份是他原定返回巴勒莫的日期。这个建议对塞格雷来说简直就是天赐厚礼，他欣然接受。劳伦斯要求他再干六个月，每月支付三百美元的薪水，这在1939已是相当高的月薪了。但是六个月后即1939年7月，似乎已了解塞格雷处境的劳伦斯决定将他的薪水降为每月一百一十六美元。劳伦斯处事轻率冲动，他本来可以采取更为缓和的方式，这让当时的塞格雷的确有些不舒服，多年后他看事情的角度发生了变化。当时他并不知道其他人的薪水状况，其实处于大萧条时期的美国，一百一十六美元的月薪在实验室里并非罕见；相反，每月三百美元才是特例，很多有学术职位、有相当成就和声望的科学家，薪水也并不乐观。然而一百一十六美元的月薪不足以够家用，所以不得不挪用个人的私房钱来填补空缺。

那时候，塞格雷和埃弗利蒂会定期给双方父母写一封长信，至少每周一封，邮政服务较好，速度也很快。写信的双方常常是相互鼓励，信中的情绪也表现得比应有的要乐观。有时塞格雷会抱怨工作职位没保障，父亲总是回答他，改善这种境况的唯一办法是好好做学问。有了成果，自然会被承认，也就会有保障性的工作。后来，塞格雷的确是这样做的。在来往的信中，塞格雷了解了很多家乡的事情，朋友探望、婚嫁生死等，父亲还曾写信给劳伦斯祝贺他获得诺贝尔奖。

然而与埃弗利蒂父母的通信要困难危险得多，所以信中的内容也很贫乏。1941年11月，随着美国参战，所有正规的通信联系都中断了。

在伯克利，塞格雷很快意识到唯一能摆脱困境的办法就是好好做学问。一方面源自父亲的忠告，另一方面也有费米谨慎又恰当的鼓励。他认识到，这么做不一定会改善现状，但不这么做则一定会被无情抛弃。所以在接下来的日子里，塞格雷积极地利用实验室的条件开展了一系列研究，并颇有成效，也为他在伯克利地位的稳固铺就了良好的基础。

多年以后，塞格雷回想起那段时光，仍然认为做出那样的决定是必然的，这由性格使然。在他认为，自己天性敏感自傲，不懂得掩饰自己，待人处事也不够谦和，不像别人会处理得八面玲珑，而且如果强迫自己去做这些事，他会很难受，所以他不会通过其他办法摆脱困境。

此时60英寸的回旋加速器正在建造中，已有了磁铁，但其他部件还不多。塞格雷与分光镜专家詹金斯利用加速器，合作改进了之前对二次塞曼效应的研究结果，这类研究一直持续到今天。

1939年1月，在对同核异能与反转电子之间的关系有了深入理解后，塞格雷想出了一种可用于分离核同位素的方法。但在与合作伙伴讨论时，不慎被西博格的竞争对手维拉德·里拜听去，他悄悄地用塞格雷的方法分离出了碲的同位素，并打算将实验结果寄给《物理学评论》，但被西博格听到了风声。后来经过交涉，由塞格雷及伙伴完成余下的实验，二十四小时之内里拜不许发信，结果，两封信一起发表在《物理学评论》上。后来，这种方法被很多科学家应用过。

这件事对塞格雷来说是一次不寻常的体验，后来也发生过类似事件。如果在欧洲，里拜会遭受严惩。但在美国，一方面知识产权的伸缩性很大；另一方面就是辐射实验室里，仪器的交换使用方面非常慷慨，这就使得这件事很难被正确地评价。

1938年末，费米获得了该年度的诺贝尔物理学奖。1937年在巴勒莫，塞格雷曾收到一份提名表，但他提了费米的名。当然他并不知道，玻尔已私下通知费米，如果他愿意接受，那么当年的获奖者将会选择他。塞格雷致信给费米，在信中向他祝贺，并表达了昔日同事好友不能聚在一起庆祝的遗憾。劳伦斯虽然表现得很大度，但明显看得出很失落，他曾问塞格雷是否认为他会获得下一年度的奖，塞格雷对此肯定作答。巧的是，1939年11月14日宣布了劳伦斯获奖的消息。

在铀的研究上，如同被愚弄过的费米、约里奥夫妇、哈恩和梅特纳及其他一些杰出科学家一样，塞格雷同样在此领域出现过重大失误。

1939年初，奥托·哈恩和费利茨·斯特拉斯曼发现裂变之后，伯克利的学者们立刻投入到重复实验中，但塞格雷没有仓促跟风，仍然继续自己在其他课题的研究。塞格雷曾是铀的最早研究者之一，1938年刚来伯克利后，菲利普·艾贝森向他明确表示铀是他的禁区，反感外国人闯入这块领地。从开始到铀的裂变被发现，塞格雷都没参与铀的研究，一直由艾贝森单干。发现裂变之后，约里奥—居里和麦克米伦各自独立发明了同一种物理方法，即如何从铀的（n，β）反应产物中分离出裂变产物。哈恩和梅特纳发现铀239引起半衰期为二十三分钟的放射性。此外，铀箔还显示出半衰期约为两天的放射性，塞格雷开始从化学上对它进行研究。他试图研究半衰期两天的放射性物质能否解释为半衰期二十三分钟的放射性物质的衰变产物，但他并没有取得预想的结果，当然也认识到了93号元素与稀土元素相似，仅此而已。不久以后，半衰期2日的放射性物质的问题被麦克米伦和艾贝森攻克，他们发现了镎。塞格雷在1940年6月4日的一封家信中说道："在做了那么多工作、取得许多发现也错过许多发现之后，我于去年春天曾有几周时间把93号元素掌握在手，却没认出它来。"

在伯克利的这段时间，塞格雷的科研活动取得较好的成效，对回旋加速器的应用也做出了很大贡献（在其发展和运转上贡献不大），但劳伦斯却认为他很费钱。塞格雷也明白，不能指望在伯克利谋得永久性职位，他得另谋出路。

1939年12月，劳伦斯直截了当地对塞格雷表示希望他另谋出路，还要求他至少花一半时间在辐射实验室的工作上面，尽管塞格雷认为自己已经为此付出了全部时间。劳伦斯曾提议他去俄克拉荷马州图尔萨的一家勘探公司试试，并写了一封极好的推荐信，后来塞格雷去了图尔萨，但发现那里的工作并不适合自己，他选择了拒绝，并热心地为当时身处巴黎的庞特科沃作了推荐。这于庞特科沃来说是一件天大的好事，当时的他刚逃离即将被纳粹攻陷的巴黎，还尚未脱离生命威胁便得知自己已在美国有了一份有保障的工作！

为了找到比在伯克利更稳定的职位，塞格雷想尽了办法，参加会议、写信和到处托人一样不落，但结果并不如意。其中有些回复很友好，而有些则让人心寒。他也求助过费米，但费米与父亲朱佩塞的观点相似：在科研上，伯克利的条件很优越，应该好好把握，而不应该轻易离开。后来塞格雷明白，费米的不关心只是表面的。

从图尔萨回到伯克利以后，塞格雷决心在这里好好做物理学的学问，因为他发现，这里一点儿也不比别处差。当然，在作了一段时间的研究之后，事情出现了转机。

1940年初，60英寸回旋加速器开始运转，它为核物理学的很多重大发现都有贡献。它投入运行后，塞格雷立即建议，用α粒子轰击铋靶以生成失踪的85号元素的同位素，因为回旋加速器可将α粒子加速到能够穿透重元素的势垒。但发生了类似“里拜偷听核同位素分离方法”的事情。散会后，罗伯特·科诺格率先使用塞格雷的方法做了轰击铋实验，内心不安的科诺格找到塞格雷并向他坦白，沉默了一会儿的塞格雷没有翻脸，表示只有一个请求，就是由他来进行化学分析。一两天后，路易·阿尔瓦雷兹介入此事，要求他们分工进行，最后塞格雷、科森和麦肯齐发现了85号元素，将它命名为砹，而阿尔瓦雷兹和科诺格发现了质量为3的氢和氦。尽管发生了这些不愉快，塞格雷仍然友好地允许科诺格使用自己的静电计。

在此期间，塞格雷还尝试过利用化学方法改变核过程方面的研究，但不久即被更紧迫的工作代替，以致整个战争期间都没有继续这个课题，战后，他和学生威甘德完成了这项研究。事实证明，中止研究是明智的，因为玻的毒性会不知不觉危及生命。

同年，劳伦斯计划建造184英寸的回旋加速器，以达到当时被视为非常巨大的100MeV的能量。他相信，凭热情、毅力和干劲可以克服一切障碍，但在塞格雷看来，这是典型的蛮干法。但是塞格雷明白，要使自己继续待在实验室，就要为这项大工程出力。写于1940年5月22日的家信中，塞格雷表示已将全部时间用于建造回旋加速器所需的磁铁上面。在这段时间，他认识了这项工程的负责人威廉·勃罗贝克，两人的合作很愉快。勃罗贝克将工程学的技巧引入到回旋加速器的发展中，大大改善了实验室的工作现状，也受到了最优秀的物理学家们的高度尊重。

当塞格雷在伯克利的地位越来越不稳的时候，事情出现了转机。

1940年夏，普渡大学物理系主任卡尔·拉克·霍洛维茨访问伯克利。他性格阴郁、敏感，致使自己树敌很多，但本性正直，主张铁腕手段管理，且效果很好。他看重学术才能，并热心帮助他认为有才华的人，在得知塞格雷的境况后，邀其去普渡大学干一段时间，虽不是永久性的，但他认为即使是一个临时性职位对于改善塞格雷在伯克利的处境都很有利。1940年秋，塞格雷一家前往了印第安纳州的西拉斐特市。在普渡，塞格雷的教学得到了很高的评价，事情进展顺利。

令人高兴的是，拉克-霍洛维茨的计策奏效了。在伯克利，当他们以为塞格雷真要有意离开时，劳伦斯和物理系主任雷蒙德·T. 伯格向他抛出了橄榄枝，表示愿意提供讲师职位。塞格雷喜出望外，尽管不是正式教职，但也已有很大进步，而且又拿上了300美元的月薪。塞格雷要求与加州大学签合同，但无论如何不会断了在辐射实验室利用回旋加速器的路子。

伯格成了塞格雷的新上司，他为人处世很挑剔，但很幽默，从不咬文嚼字，且心直口快。作为系主任，伯格总有明确的好主意。

总之，1940年在塞格雷与伯格打交道的日子里，比与劳伦斯相处时好多了。

随着美国与意大利的开战，意大利人塞格雷成了“敌侨”。

4. “敌侨”身份

美国与意大利的开战使塞格雷成了“敌侨”，不久后美国政府下令敌侨迁出太平洋沿岸地区。具体程序是日本人先走，然后是德国人，最后是意大利人，如果违抗命令，就会被强迫集中到拘留营。事实证明这种做法是不必要的，也是残忍的，并且动机可疑，因为某些势力从中牟取利益，比如以极低价收购被拘留者的财产。幸运的是，政府在处置日本人的过程中就已发现问题，并得到教训后终止了这种做法。但塞格雷更加警觉了，他认为自己的处境非常荒谬。

1940年，从普渡大学返回伯克利的途中，塞格雷去了新泽西州看望了费米，他们谈到了核能的释放。人们预测铀238通过俘获中子和β衰变将生成（94号元素的同位素）94239，通过与铀235类比，他们猜想94239作为一种核燃料或核爆炸物将很可能取代铀235，但此时人们对94239的特性一无所知。所以当务之急就是研究新同位素原子核的特性，包括（反应）截面、衰变周期和每次裂变发出中子的数量。

验证种种猜想的唯一方法就是直接做实验。首先需要制备出足够的新物质，这要在回旋加速器上进行大量的轰击，得到了此时人在纽约的劳伦斯的批准。1941年初，塞格雷即已认识到单干是无法快速优质完成任务的，所以他请来西博格帮忙，后来J.W.肯尼迪和A. C. 瓦尔也加入了进来。

研究进展得很顺利，但是存在着一些人事上的烦扰，塞格雷发现西博格心中隐藏着他个人的计划。现在说一下组里的几个成员，肯尼迪是得克萨斯人，聪明、有生气，且非常正直，直率的性格使得很多人对他报以信任。他和塞格雷注意到，西博格正以空前详尽的方式积累着数据，远远超出了目前实验研究的需要。那时的亚瑟·瓦尔还是个很幼稚的大学生，虽然品行高尚，但无经验又天真，所以在最初的时候他并没有理解这场游戏的实质。后来他辨明了是非，做事总与肯尼迪同步，后来随后者去了洛斯阿拉莫斯。战后，西博格的学生或者合作者都不再愿意与他有任何联系，包括瓦尔。

实验取得了成功，他们每个人都参加了这项研究的所有阶段，最后证实了94239用作核燃料或核爆炸物的可行性，这是一项意义重大的成果发现，开辟了释放核能的新途径。他们将这些成果写信寄给了《物理学评论》，由于当时的保密规定，该报告于1946年刊出。

在这项研究中，塞格雷进行了一些化学分离操作，却不知道用的是什么试剂。原因在于，研究期间，肯尼迪、西博格和瓦尔接到了对敌侨要小心谨慎的命令，所以没有把他们用的试剂告诉塞格雷。

在实验的开始阶段，政府并没有参与，尽管有劳伦斯的同意，但很多难题需要他们自己解决，比如弄到实验必需的铀，为此塞格雷还写信求助于费米。1941年6月，政府得知结果后要他们进行秘密的专利申请，他们按照有利于自己的条件照做了。

在研究期间，塞格雷和肯尼迪发现了工作中的很多事让他们震惊又困惑，他们曾一圈又一圈地绕着物理楼，边散步边交谈，相互敞开心扉地讨论有关问题。

劳伦斯对这项研究做出过间接贡献，尽管他并不能确定这项成果的意义有多么重大。在塞格雷看来，劳伦斯会及时获知研究的第一手消息，也许缘于他想让局面明朗化、正常化。劳伦斯对于功劳归属何人并不在意，从不忌妒别人，更看重辐射实验室取得的成就，他会将自己的成功与其等同起来。他正确地认为，他们的成功如果是在辐射实验室取得的，也是他的成功。

费米是一位伟大的科学家，主要兴趣在物理学，对管理工作不感兴趣。他为人极为正直、坦诚，在学术上也非常慷慨，乐于分享。无论是同级别的还是下属都很喜欢且信任他。

而西博格与他们两人都不同。西博格是个优秀的组织家，精力充沛、干劲十足，有着无止境的个人野心，为了出人头地会不择手段，但作为科学家却能力平平。在钚的研究中，他会利用他非凡的组织才能，将四面八方的化学家及所有能接触到的化学研究生都网罗进他的队伍。在科研成果的取得上，他会雇用一大批声望不可能超过他的年轻合作者，然后从他们的成果中提取一小部分。不少有名的有机化学家采用过这种方式，这种方法也在物理学界流行着。当然，这种方法是不值得称道的。

西博格的不寻常之处还在于会为自己做各种长远的谋划。他会在1941年说："我将在1946年当上系主任，1948年当上加州大学校长，1955年当上加州参议员。"诸如此类。他从来不失去目标。最终，他作为美国原子能委员会和其他组织的主席，将大部分精力用于政府工作。早在1938年时，他就穿得与同事们不一样，他认为这样的装束（西装革履）有助于提升为正教授。他还会收集自己与各种要人的合影。另外，他的婚姻对于谋划的实现也有很大的帮助，妻子海伦·葛莉格斯是劳伦斯的秘书，漂亮且能干。西博格通过她可接触到很多重要的文件及研究数据。当西博格夫妇于1942年移居芝加哥后，部分文件从劳伦斯的卷宗里消失了，当然最后被追回并收到了道歉。

1941年初，塞格雷一家在伯克利的斯普鲁斯大街1617号买了一处房子。1941年12月7日，正在花园劳动的塞格雷透过广播得知，日本轰炸了珍珠港。起初，塞格雷并未对罗斯福总统的计划抱太大希望，认为无异于墨索里尼的欺人之谈，但后来他明白自己想错了。随之而来的意大利对美宣战使得通信中断。

美国人对偷袭的反应很强烈，甚至有些歇斯底里，它使一个似乎仍处在分裂中的、充满了孤立主义者以及不惜代价的和平之友的国家立刻团结起来。辐射实验室受到的影响同样强烈，以劳伦斯为首的实验室采取了一系列狂热的行动。此时他悟到了建造核武器的可能性，遂将自己和整个实验室的全部力量都投入到铀同位素的分离上。

塞格雷提出了一种方法来对收集物进行同位素分析，包括称重、测量α放射性和测量慢中子裂变截面三个方面。得到劳伦斯的同意后，塞格雷建立了一个分析实验室，并陆续吸收了一些研究生参与实验，包括肯尼迪和克莱德·威甘德。

早在珍珠港事件之前很久，就陆续有物理学家转而为战争工作，随着美国参战，更多的人转向军工。同时，学校里挤满了正在军训的大学生，很显然他们需要加快学习快速发展的物理学知识。

在这时候，塞格雷被委派给所剩不多的几名正规学生讲授“和平”时期的物理学课程。塞格雷喜欢教学，并且这也有助于他获得一个永久性职位，当然教学收到了很好的评价。课上有个学生欧文·张伯伦总是给老师挑毛病，塞格雷很欣赏他，后来张伯伦给他当了多年助手。

前面说过，意大利与美国开战使得他变成“敌侨”身份，虽然放逐令终止，但塞格雷的处境并不乐观。他曾求助于劳伦斯，但对方表示无能为力，法律必须遵守。多年以后，塞格雷在一些信件中发现，劳伦斯曾尽力保护过他，但不明白劳伦斯为何只字未提。

此时，他和埃弗利蒂也在商量着该怎么办，两人曾讨论过若被放逐后就去新墨西哥州的圣菲，那是一片孤地，但气候不错。他们绝不会料到，两年后果真去了那里，但原因是参与洛斯阿拉莫斯实验室的创建。当全国都在动员起来的时候，加州大学发生了一些奇怪的插曲。曾有一名中校军官小约翰·兰斯代尔穿着便衣来学校检查保密情况，当时与塞格雷进行了谈话，并不知情的塞格雷回答得小心翼翼，生怕泄露机密。事后，塞格雷曾表示过怀疑，推断对方是间谍或反间谍人员，并找到库克赛鼓动他报告联邦调查局，但库克赛并未理会。约两周后，那人再次出现，总体上很满意，但也提出既然质疑就应去当局举报，库克赛当即表示：“那是我的过失，因为塞格雷曾建议我向当局举报。”他的行为是一名真正的绅士所为。

几年后发生过类似事件，塞格雷写给表侄里卡多的信曾被检查过。当时里卡多在乌拉圭行医，后来事情并未扩大。

1942年2月，塞格雷接到费米的一封信，暗示他可能被请去芝加哥大学指导对钚的研究。但在塞格雷不知情的情况下，最终这个机会落在了西博格的头上。

西博格的离去使得伯克利的工作环境轻松愉悦了很多，此时有很多研究课题已转到学术意义较小的问题上，因为很多重大问题的研究已转移到了芝加哥，包括对原子弹研制很重要的课题。在这期间，塞格雷对重核自发裂变进行了系统的研究。

1942年夏季，一批理论物理学家在伯克利成立了一个由奥本海默指导的理论小组，试图设计出一个核炸弹。

1942年9月，政府建立了由L.R.格罗夫斯准将负责的曼哈顿特区，从此军方开始发挥领导作用。

1942年11月，为建造原子弹组建一个专门的实验室势在必行。奥本海默被指派为实验室主任，地点选在了洛斯阿拉莫斯。

奥本海默邀请塞格雷加入即将组建的新实验室，他除了答应别无选择。除了认为自己有义务帮助这个国家外，还感激它在自己特别困难的时候收留了自己，想打败希特勒赢得战争也是一个考虑。事实上，塞格雷相信，任何一个接到这份邀请的人都不会拒绝。

1942年11月9日，塞格雷的第一个女儿阿美丽亚·歌特露蒂·埃莉格拉出生了。

1943年起，塞格雷开始了在洛斯阿拉莫斯的工作生涯。

第六章　战争发展及个人计划

1. 研究原子弹

1943年3月，塞格雷来到洛斯阿拉莫斯，参与原子弹的研制。此时他仍然是“敌侨”，但在原子弹工程这一非同寻常的冒险中充当了相对重要的角色。直到1946年1月中旬，塞格雷一家才离开了洛斯阿拉莫斯。

前面提到由莱斯利 · R. 格罗夫斯准将担任曼哈顿特区的特区长官，格罗夫斯曾在西点军校学习，后在五角大楼功成名就，提升为上校，最初被调到新建立的曼哈顿特区时，以为自己的军事生涯将终结。他在新的工作中表现出极大的热情、勇气、智慧和决心。他很善于与各种人打交道，不论层次高低，短时间内能够了解并赏识如奥本海默、费米或威格纳这样的人，这让塞格雷很吃惊。1942年后期，曼哈顿特区决定为研制原子弹建立一个实验室，格罗夫斯将军选择奥本海默做实验室主任。经过考察，将实验室地点定在了洛斯阿拉莫斯。

洛斯阿拉莫斯的景色很美，气候宜人，他们常抽空出游。那时很多科学家包括塞格雷，都做好了长期作战的准备，认为战争不会在短时间内结束，事实证明，相比于政治家而言这种观点并不富有远见。丘吉尔曾在他的回忆录里提到，他在那时就已确信战争已经胜利了。这让塞格雷很惊讶。由于洛斯阿拉莫斯海拔7700英尺，气压只有22.4英寸水银柱高，水常常是提前就开了，做饭也要花上很多时间。另外，有些妇女会抱怨在那里买不到某个部位的肉，这是当时居民们最典型的抱怨。

从一开始，在洛斯阿拉莫斯，军人与非军人之间就在安全问题上有着不同的意见。军人的天职是服从，习惯于不问原因，绝对服从上级的命令。科学家对此却很不适应，在遵守保密规则的前提下，他们想尽量多了解与自己研究目标关系不大的课题，而不仅仅局限于自己负责的那一部分，这样有助于创新思想和技术。军人看重法律上的要求，而科学家更关心技术上的成功。一句话，军人只想让每个人了解自己的那部分信息，而对于科学来说，这种做法是灾难性的。

对此，格罗夫斯将军巧妙地解决了这一难题。他让每个人以自己的科学名誉发誓，为自己所了解的一些同事担保，这样大家转圈完成了这一过程。塞格雷担保了费米和另一个人的忠诚，贝特和贝彻为塞格雷作了担保。

安全方面的另外一个问题是如何对待个人信件。规定是允许科学家们将地址告诉包括外国人在内的任何人，军方保证不检查信件。但事实并不如此，而且最让人反感和抗议的原因，主要不在于信件被检查，而是军方抵赖这一事实。

洛斯阿拉莫斯基地用高高的铁丝网围起来，门口有哨兵站岗。人们出入需要签字并出示适当证件。但军队从来没能正确地记录汽车的出入，曾在外面发现一辆基地内丢失的汽车，却没有出入记录。

1943年初，塞格雷初次来到洛斯阿拉莫斯。不久就开了计划会议，大约有三十名科学家参加，会上向研究人员通报了实验室将面临的问题并制订了解决问题的具体计划。军方也在建造公寓，让科学家们在战争期间在此安家。罗伯特·塞尔博分五次系统地介绍了可能制造原子弹的全部资料，后来会议记录形成了一个题为“洛斯阿拉莫斯之始”的报告（现已解密）。塞尔博讲完之后，大家又讨论了下一步的工作，包括实验室的机构设置问题，与会人员一致否决了军方提出的纳入军队编制的馊主意，最后军方妥协了。

会议以后，很多与会者开始为新的研究做准备，招聘人员、准备仪器等。几周后，大部分人带着助理回到洛斯阿拉莫斯，直到战后或更晚才离开。每天都有物理学家、化学家、冶金学家及辅助人员到来，他们在最短的时间内启动了实验室和车间的工作。实验室同样聚集了一批核物理学家，形成了世界核物理学界中最优秀、最活跃的一个组合，他们都很年轻，平均三十二岁左右，其中不少人在后来很出名。1943年仲夏，实验室投入使用。

此时，基地的建筑工程全速进行，仿佛一个新兴城市被建造出来，各种设施都很完备，有医院也有学校。在公寓建造好之前，塞格雷一直往返于伯克利与洛斯阿拉莫斯之间。1943年6月，他们举家搬到了洛斯阿拉莫斯，被分到了公寓二层的一套房子，在那里他们看到了很多老朋友。

为了更好地领导实验室，奥本海默在管理方面下了功夫，他需要一些可信赖的亲密合作者的支持和建议。他把实验室分为几个分部，再将每个分部分成小组，塞格雷是物理分部的一个小组长。物理分部的负责人起初是B.F.贝彻，后来分别由J.H.威廉斯和R.R.威尔逊继任。

分部负责人的主要工作就是使大家心情愉悦地努力工作，需要耐心巧妙地处理各种纠纷，他们的资历和学术能力往往不如属下，大家各司其职。负责人还要迁就小组长们在一定程度上的独立精神和经常变化的主张。

与分部负责人不同，他们制定了研究目标后，小组长们需要在限定的时间内完成，而且不允许出现大的错误，这不是一件容易的事。而且在研究过程中，他们会发现很多与研制原子弹无关但也很有价值的课题，在时间、精力等条件限制下，他们需要在两者之间做一个平衡。

可以说，管理部门采取的总方针很明智：只负责制定指导原则、总的工作目标及具体的工作任务，不干涉小组的具体运作。而且小组长们在物资采买上有优先权，允许购买所需的任何东西。有杰出的人才和充足的财力物力支持，再加上友好的工作氛围，取得成果是必然的事。

塞格雷的小组有十五人，只有他自己是在职科学家，其他人或是研究生或是博士。张伯伦、威甘德、乔治·法威尔和G.A.利南伯格是小组的核心成员。奥本海默还将马丁·德易奇和约瑟夫·罗布莱特分配到该小组。

小组的任务是测量自发裂变和各种有关原子核的数据，包括各种截面的数据，其中大部分问题在伯克利时已开始研究。要使原子弹的爆炸过程正常，必须把足够质量的裂变材料聚集起来，并且只能在聚集后注入引发链式反应的中子。聚集前注入的中子不仅会减低原子弹的威力，还会发生过早的爆炸即“提前起爆”。所以，对自发裂变的发生比率进行评估是极其重要的。由于该实验的特殊性，为了避免来自馈电干线的外部电气干扰，小组必须在远离其他实验室的地方工作，而且只能用电池供电。1943年6月，他们使用了洛斯阿拉莫斯峡谷中一个林务员的房子。那里的风景秀丽而浪漫。

洛斯阿拉莫斯是一个封闭的社区，有些像军营，里面的居民起初不习惯这种生活，也因此产生了一系列的问题。对于科学家们来说，工作压力大，承担的责任大，加上严格的完工期限要求，他们变得暴躁不安，常常为一些小事生气。而在正常情况下他们根本不会注意到，比如级别、社交邀请、行政任务、房子的分配及所在的区域等，每件事都变得格外重要，还会时常显得很孩子气。妻子们也在添麻烦，离开熟悉的环境，不像丈夫们每天忙于工作，保密的要求也导致她们对实验室的工作一无所知，因而她们常常变得情绪低落、爱吵架、爱传闲话。奥本海默意识到问题的严重性，请教了精神病专家，医生建议让她们工作，有事可做又可拿工资，这样就会让她们看到自己的价值。奥本海默听取了这一建议，从此很多妇女成了优秀的教师、秘书、医务人员、职员、图书管理员等等。埃弗利蒂曾做过塞格雷小组的秘书，还在塞格雷的帮助下编制过同位素表，即塞格雷表，战后被解密出版，销量达五万余本，但他们没有拿到一分钱的版权费。

洛斯阿拉莫斯周围的环境很美，有着丰富的动植物，塞格雷一家经常和朋友们一起出来做短暂的放松。塞格雷很喜欢钓鱼，也很有一套自己的技巧，让朋友们很佩服，他还会在秋天采一些蘑菇来做菜。当工作压力不大时，他们去桑格尔·德里斯托山和那里的湖泊进行过几次时间稍长一些的旅游。

1944年，查德威克爵士率领的英国特使团加入了原子弹的研制队伍。特使团中有塞格雷的老朋友鲁道夫·佩耶尔、奥托·弗里希和P.B.穆恩，后来威廉·彭尼和乔福瑞·泰勒爵士也来了。不幸的是，随特使团来的还有已成为俄国间谍的德国难民克劳斯·福克斯。他每天都会从塞格雷的窗下走过，似乎是去吃午饭。埃弗利蒂注意到他的抑郁，给他起了个外号叫“可怜鬼”，后来当得知他是间谍时，她很惊诧。

1943年秋天，尼耳斯·玻尔和他的儿子阿格来到洛斯阿拉莫斯。不久前，玻尔在哥本哈根得到会被逮捕的警告，经过几次冒险终于来到了洛斯阿拉莫斯。他到来后不久，奥本海默在家中召开了一次会议，邀请了认识玻尔的欧洲物理学家参加，为了不让军方误会，还邀请了一位保卫官员。玻尔说话不够清楚，常由阿格重复父亲的话。玻尔谈到了丹麦及欧洲其他地方的情况，在座的大多数人在欧洲都有亲人，当时的气氛很沉重。

玻尔去实验室时，会与研究者谈论物理问题，内容主要集中在核裂变方面。塞格雷知道玻尔的话很重要，也很有启发性，但是玻尔说话含混不清，塞格雷努力想听懂，但是很困难。虽然玻尔很客气，他还是不好意思总让人重复，所以他就会拿不准玻尔的话，这让他感到很无奈。

1943年7月25日，墨索里尼被推翻，当时在洛斯阿拉莫斯的塞格雷从报纸上读到了这则消息。但他一直对德国占领区的情况了解甚少，直到1944年6月同盟国进入罗马后，通过军队情报系统，塞格雷才得到了最渴望的消息。他从奥本海默处得知，父亲没出事，但母亲在1943年10月纳粹的一次大搜捕中被抓走。得知此消息的塞格雷惊呆了，奥本海默重复了几遍，他以为塞格雷没听懂。一年以后，1944年10月4日，塞格雷的父亲在罗马的家中由于自然原因去世，享年八十五岁。

很长时间以后与意大利的通信才恢复。1947年，塞格雷于战后第一次回到了意大利。父母在生命最后的悲惨遭遇深深地印刻在了塞格雷的心里，永藏在了他的心灵深处。

塞格雷小组主要的也是最重要的工作就是研究自发裂变。1941年在伯克利时，塞格雷、肯尼迪、西博格、瓦尔就已开始了该课题的研究。但当时的裂变材料少，技术尚不成熟，没有取得一些有意义的数据。在洛斯阿拉莫斯则不同，从开始他们就不断收到越来越富化的铀235样本，这使研究的精确度日益提高；由于样本的α射线强度适中，可将仪器对铀的自发裂变率的探测率校准好。

但是在对钚^{239}的研究上遇到了重大难题。他们研究发现，钚239的高自发裂变率足以通过提前起爆对已提出的裂变材料集聚方法造成严重干扰。虽然从统计学的角度看，他们测量的准确度较低，但塞格雷确信实验结果是真实的，并非仪器失灵导致的反常。1944年7月，这个结果给洛斯阿拉莫斯实验室造成了一次真正的危机，工作陷入严重的困境，它意味着对于战争用途来说，曼哈顿工程的大约一半工作白干了。钚的自发裂变率如此之高，除非不用钚制造原子弹，要么就要想出一个全新的装配方法。不久之后，他们发现自发裂变来自同位素240而非铀235，这一发现导致洛斯阿拉莫斯的工程出现了急剧转折。塞斯·奈德梅耶发明了内向爆炸法（即爆聚法），起先无人理睬，后来得到了最高优先权，解决了工程的大问题。

塞格雷小组用中子辐照钚239以生成钚240时，也生成了可测剂量的95号元素镅。塞格雷曾试图说服肯尼迪和瓦尔对它进行研究，但他们一心扑在战争工作中，无暇其他。后来西博格设法对此进行了研究，塞格雷宁愿肯尼迪没有那么高的爱国主义觉悟，由他来完成。

除完成指定小组的常规任务外，塞格雷常常被奥本海默要求去解决一些其他的特殊问题。有一次他去田纳西州橡树岭的同位素分离工厂，富化的铀经过化学提纯，再变为合适的化合物供后续工序使用，但在这一过程中存在着危险，某处的积累足能引起一场核反应的裂变材料。塞格雷和理查德·道岑对于发现的几处危险马上予以纠正。

另一次，奥本海默要求塞格雷和罗西计算出某一威力的核爆炸所产生的结果，并预测核爆炸对敌人的精神会产生怎样的后果。对于前者，塞格雷小组做出了正确的计算。关于后者，塞格雷小组和费米讨论了很久都没有得出可靠结论，最后他们拒绝提供预测。

在洛斯阿拉莫斯也发生过一些奇怪的事情。一天，奥本海默找到塞格雷，让他做一些毫无意义的实验，包括在一块铀盐旁爆炸一点炸药。实验结果是很容易预见的，但奥本海默坚持让他做这个实验，他服从了，并得出了预见的结果。当问及奥本海默为何要浪费自己的时间时，奥本海默回答，这是罗斯福总统的指示，他觉得不能不服从。值得称道的是，罗斯福从不定期的汇报中，敏锐地认识到了原子能的重要性。

1945年春天，原子弹项目到了最后的冲刺阶段，方法、材料、设计均已就绪，实验室的作用从研究和技术发明转变为生产和试验。他们开始准备揭示原子弹性能的实验。

在预备性实验准备期间，1945年4月12日，罗斯福总统突然逝世，大家都很悲伤。预备实验于1945年5月7日进行，为实验作准备时，传来希特勒自杀、德国投降和“二战”在欧洲结束的消息。塞格雷的第一个反应是：“我们太晚了。”在他看来，罪恶的希特勒是制造原子弹的最主要的理由，而且他相信，不止他一人这么想。原子弹不能用来对付纳粹了，人们开始产生疑虑，虽然在官方报告中见不到，但私下谈话时经常提到。

接下来完成原子弹的工作继续进行，丝毫没有松懈。最后试验的代号为“三一工程”，地点在新墨西哥沙漠，肯尼斯·斑布里奇被任命为工程主任。但他很没有条理性，致使工作很混乱，后来发现问题的奥本海默让斑布里奇做J.H.威廉斯的副手。威廉斯将修路、铺设长距离电缆、建掩蔽物等工作处理得得心应手，两人时常需要在时间紧急的情况下合作处理一些很复杂的行动，包括同各种人打交道。

1945年7月14日，试验的一切准备都已就绪。原子弹试验的成功超出了预料的结果，释放的能量接近预期的最高值。引爆时，一阵强光照亮了大地，其亮度远非5月份的普通爆炸试验发出的亮度能比，看上去比中午的阳光还要亮。当时，费米和塞格雷待在离爆炸点约十英里的地方，这种距离受到的光在瞬间对人的灼伤比晴天在海边待上一天的后果还要严重。在爆炸的一刹那，塞格雷脑海里闪过一个念头：可能大气被引燃了，造成了世界末日，虽然这种可能性已被认真考虑并排除。

在剩下的时间里，就是收集各种仪器记录下的数据，完成之后即返回洛斯阿拉莫斯基地。

为庆祝日本投降，他们请了一天假。塞格雷、埃弗利蒂和费米驱车去了戈朗峡谷，拍了很多照片。同时，费米说他将成为名人，让塞格雷帮他拍一些照片供公开使用，塞格雷在他的办公室用莱卡相机照了一整卷三十六张。

塞格雷曾被多次问到原子弹爆炸前后的感想，他没有记录下来，可以肯定的是，他为战争的结束和几年来繁重的工作取得的成功感到高兴。

塞格雷认为美国不可能长期垄断原子弹，并对其他国家制造原子弹所需要的时间做出了正确估计。他认为大多数事情的发展是不可预测的，常常起因于偶然，就像无法肯定原子弹的对错一样。塞格雷对政治家的智慧和远见也会充满质疑，但他们的行为往往建立在错误的信息之上，如果事实如此，原子弹可能通过煽动相互的恐惧，起到阻止超级大国之间发生战争的有益作用。在今天看来，塞格雷的这些观点是多么有洞察力和远见。

战争结束了，塞格雷没有选择留在洛斯阿拉莫斯，而是选择回到了伯克利。另外，在原子弹研究期间，塞格雷一家成了美国公民。

2. 成为美国公民

在洛斯阿拉莫斯期间，塞格雷一家成了美国公民。有意思的是，他们入了两次国籍。

塞格雷一家1939年申请加入美国国籍，法定的等待期过后，一位检查员来向他们问话，由于他不能进入洛斯阿拉莫斯，问话便在门口的岗厅内进行，麦克米伦做见证人。问话很顺利地结束了，几周以后，他们在阿尔伯克基最高法院宣誓，法官宣布他们成为美国公民。仪式后他们绕道沿着风光秀美的捷梅兹河回到家中。

但这时候发生了一个有趣的插曲。几天以后，塞格雷接到法官的电话，说因为自己忽视了总统选举前的一段时间内不允许颁布入籍令的法律规定，只好搁置他们的公民法令，语气充满了歉意和尴尬。他恳请塞格雷不要抗议，主动接受国籍无效，并保证总统选举一结束便马上让他重新入籍，塞格雷答应了。就是这样，他们入了两次国籍。

战争结束了，塞格雷开始认真考虑近期和远期的计划。他不打算永久留在洛斯阿拉莫斯，想继续在大学寻求发展，在他看来，在大学有根据地，对前途才有把握。后来，他返回了伯克利。

费米倾向去芝加哥定居，最感兴趣的仍是学术性研究，他意识到粒子物理学是将来的发展方向，并嘲笑地引用墨索里尼的座右铭“不重塑自己就会灭亡”。与费米不同，塞格雷想继续研究超铀元素，他认为中子物理学会有很大的发展。

小组成员中的一些人留在了洛斯阿拉莫斯，一些人去了圣路易斯。德易奇回到了麻省理工学院，威甘德随塞格雷回到了伯克利继续完成学业，张伯伦和法威尔在塞格雷的推荐下去芝加哥做了费米的博士研究生。

1945年11月7日，塞格雷的第二个女儿弗丝塔出生了，又取了另外一个名字叫伊蕾娜，表达和平的祝愿。

1946年1月中旬，塞格雷一家离开洛斯阿拉莫斯，沿途他们惊讶地看到无数军用飞机一架挨一架地停在沙漠里，这证明了美国巨大的工业力量。返回伯克利的塞格雷又开启了人生的另一个新篇章。

3. 选择回到伯克利

战后，一部分人选择留在了洛斯阿拉莫斯，一部分返回了原来的学术基地或是另谋出路。塞格雷属于后一种情况，他认为在洛斯阿拉莫斯的工作只不过是由于战争而产生的一段插曲。他内心最渴望的是将学术研究作为自己的终生职业，而且希望能在大学里谋得一个好职位，这样就解除了后顾之忧，能更好地投入到研究中去。所以，战后他一直积极地寻找好出路，而且他一直倾向于返回伯克利。塞格雷的学术能力和地位毋庸置疑，但是由于他的特殊处境以及之前与伯克利的关系，令这件事多少有些麻烦。但最终，事情出现了转机，塞格雷争取到了他满意的工作和待遇。

同塞格雷年龄相仿的很多同事都有他们可以返回的学术基地，比如阿尔瓦雷兹和麦克米伦在伯克利，贝特和罗西在康奈尔大学，斯陶布在斯坦福。当时费米正打算从哥伦比亚转到芝加哥大学，那里正在创立一个新的研究所。而塞格雷没有任何确定的去处。

1945年4月7日，塞格雷接到了阿尔伯特·塔奇亚尼大使（1885—1964）的一封正式信件。塔奇亚尼大使是战后意大利在华盛顿的第一位代表。他在信中建议塞格雷返回意大利的大学系统中去，重新回到巴勒莫担任以前的职位，但塞格雷友好并感激地回绝了，因为他认为自己已在美国扎根了。

当时，伯克利曾向塞格雷暗示过，他可以回去工作。加州大学物理系主任雷蒙德·伯格曾给塞格雷写过一封信，提议他去伯克利担任助理教授，但没有任职期限的保证，薪水也只相当于初参加工作者的水平。塞格雷认为这一提议是侮辱性的，他选择了不去理会，坐等时机成熟。

塞格雷很清楚，除非他在别的地方有更好的邀请和待遇，否则伯克利是不会让步的。在他看来，造成这种局面有两种可能：一是校方的管理层和决策者们缺乏自信，他们不相信自己选择人才的能力；另外就是要小聪明尽量压低教职员的薪水，来为机构省钱，但事实证明，这样往往适得其反。

塞格雷曾向费米讲了自己的处境，但他并没有在芝加哥为塞格雷推荐一份工作。另外，费米对乔伊斯 · C. 斯提恩斯教授提到了塞格雷，斯提恩斯当时正准备从芝加哥大学转到华盛顿大学去。A.H.康普顿是华盛顿大学的新任校长，他想重振科学，尤其是原子核科学。作为计划的一部分，他已聘用了肯尼迪和瓦尔及一批其他化学家，另外他在物理学方面也有这样一个计划。

根据伯格的记录，1945年3月，华盛顿大学物理系主任A.L.休斯曾询问过塞格雷的情况。1945年8月，华盛顿大学向塞格雷提出了一个确定的待遇标准：副教授职位，年薪五千美元。这成为塞格雷就职要求的底线。总的来说，华盛顿是一所很好的大学，虽然没有伯克利的加速器，但也不失为一个干事业的好地方。塞格雷的好朋友R.L.索恩顿在战前就已去那里，并建造了一个42英寸的回旋加速器，当时已担任一个重要职位。总的来说，这个职位是很吸引人的，但从长远来看，塞格雷认为伯克利拥有更优越的条件，所以就给伯格写信，看能不能争取到更高的待遇标准。

信在8月8日发出，但伯格却拖延到8月11日回信。当时广岛原子弹刚刚爆炸，伯格已意识到了塞格雷的学术价值，但他和劳伦斯一样，仍在犹豫不决。而事实证明，那些其他的人选在学术上并没有出色的成果。

自华盛顿大学决定为塞格雷提供一份待遇不错的职位后，事情就出现了转机。芝加哥大学也抛出了橄榄枝，提出的待遇标准高于华盛顿大学，他于1945年9月20日去做了实地调查。由于费米在那里，这个职位对他来说同样具有强烈的吸引力，当然也有一些弊端。此时手里握着两个职位邀请的塞格雷，内心还是更倾向于伯克利，他决定去一趟伯克利，与那里的负责人谈谈。

去芝加哥大学考察期间，塞格雷还没有回复那封拖延了的信，他想通过这种方式让伯克利方面意识到当初待遇的不合适。当时仅仅提供助理教授，而此时伯克利表现出了明显的渴望，两者形成了鲜明的对比，这让塞格雷更有底气了。

1945年10月2日，塞格雷到达了伯克利，进行了考察，并与伯格和劳伦斯进行了细谈，他明显地感觉到一种对自己有利的氛围，当天伯克利就决定将待遇标准提高为正教授，年薪六千五百美元，在当时这已经是很高的待遇了。为了报复伯克利先前的怠慢，已决定接受聘任的塞格雷故意将最后答复拖延了一下。后来，劳伦斯曾问及拖延的原因，塞格雷没有告诉他，因为于事无补。

任命在1945年7月1日生效，塞格雷在1946年春天到职。塞格雷在大学有稳定的根基，在设备和资金上得到了辐射实验室的支持，在研究上具有很大的自由度。对于塞格雷的高薪，劳伦斯曾明智地告诫其他一些同事不要忌妒，因为这意味着他们的待遇也会提高。但是办公室和实验室方面的事，落实得很缓慢。

关于研究计划，塞格雷想首先完成在洛斯阿拉莫斯就已开始的若干课题，比如超铀元素的自发裂变及其他方面的研究。接下来想完成开始于1940年的改变放射性物质的半衰期的研究。另外，还想对战前发现的砹元素的化学性质作一番研究，并在威甘德、R.莱宁格博士及一些研究生的帮助下很快就开始了工作。

但在接下来的工作中，塞格雷也不可避免地遇到了一些阻碍。塞格雷喜欢在核物理学研究中保留较多化学方面的研究，按着四五个人的小规模制订研究计划。后来的事实证明，这是一个严重失误，他还没有意识到自己会面对什么样的竞争。

有一段时间，塞格雷想专注于自发裂变和放射化学效应研究，这是他擅长的领域。不料，本想平静工作的塞格雷却不知不觉地被牵入了一个麻烦的漩涡中。西博格想垄断对超铀元素的研究。

西博格利用他很强的组织能力笼络了一帮研究者，形成了一个系统且紧密联结的网络，控制着对超铀元素的研究，规模之大是塞格雷远不能比的。他有着广泛的社会关系，实际上是唯一有可靠渠道获得受过辐照的物质的人，另外他还可以借助于解密委员会成员的身份，左右哪些东西可以发表。同时，他决定在辐射实验室内建立一个相当规模的化学实验室，并得到了劳伦斯的强烈支持。这些都是西博格的优势。实际上，塞格雷与西博格进行平等关系基础上的合作已无可能，对塞格雷来说，要么从属于西博格，要么放弃原子核方面甚至与化学无关的部分研究，前者是他不愿意接受的，而选择后者就会面临一系列问题。

同时，辐射实验室里的很多人将注意力重新放在了加速器上面，这也是劳伦斯始终关心的事情。此时，对于加速器的发展而言，具有几方面的优势：一是有充裕的资金支持；二是稳相原理的发现，使提高加速器的能量改为依靠高级技术而不再是单凭蛮力；三是战争期间使用的雷达技术可以应用在加速器上面。就这样，伯克利的物理学家们转向研制新的、能量更高的加速器。更高的能量可以提示新现象，还有助于解决悬而未决的问题，当然事情并非预想的这么简单，在实际工作中同样会遇到问题。

致力于伯克利研究的同时，塞格雷受到了来自家族事务的诸多纷扰，并在很长一段时间内频繁往返于伯克利与意大利之间。

第七章　不同的挑战

1. 父亲的遗嘱

战后，塞格雷一直想访问意大利，除了打算恢复与幸存者的联系外，还要照料生意上的事。但由于塞格雷曾研制过原子弹的特殊身份，很难拿到护照，加上交通方面的困难以及意大利的现状，一直到1947年夏天，塞格雷才得以在九年后第一次回到意大利。

在罗马，塞格雷住在科西嘉胜利路229号的旧寓所，九年时间足以使物是人非，房子的一切都没有变，只是房子的主人不在了，父母亲在人生的最后所遭遇的伤痛让塞格雷毕生铭记。他从幸存者口中了解到，1943年秋天，纳粹和法西斯分子开始进行大搜捕，塞格雷家的很多犹太人亲戚和朋友都四处躲藏，但塞格雷的母亲躲得慢了点，不幸落在了纳粹手里。塞格雷的父亲和其他人一起，在一个地位很高的教士的庇护下，躲到了罗马天主教会的一所豪华宅第里，马坷躲到了蒂沃利后面的山里。母亲被抓后，父亲曾拜托一名德国警察帮助母亲逃走，并支付了一笔报酬，但他没办成就把支票还了回来。一年之后，父亲也撒手人寰。

塞格雷在父亲的墓上撒了一点点铀，当然它的放射性很小。之所以这么做，他是想表达作为儿子和一名物理学家对父亲的爱和敬意。因为铀的半衰期达几十万年，这比敬献任何其他的礼物都要永久存在。

父亲去世后，兄弟们围绕着遗产分配问题产生了一系列纷争。在那段往返于伯克利和意大利的日子里，为了缓解压力，塞格雷经常抽时间去蒂沃利附近的阿凯阿尔布勒的硫黄浴池游泳，这是他的一种放松方式。

1944年10月4日，塞格雷的父亲朱佩塞·塞格雷在罗马科西嘉胜利路229号的家中去世，享年八十五岁。老塞格雷去世以后，家族事务一直纷扰不清，兄弟三人围绕着遗产的分配问题展开了长时间的协商，那段日子里塞格雷的精神压力巨大。由于生意上的事务，塞格雷不得不在美国和意大利之间两头跑。产生纷争的关键之一缘于朱佩塞生前曾立过两份遗嘱。

朱佩塞在世时的意愿是将他的财产划分为相等的三份，每个儿子一份。这个意愿由身为律师的塞格雷的表姐夫阿尔通和表兄腊芬纳向塞格雷作过进一步的确认，并且两人在战争期间都去看过朱佩塞。这件事还由塞格雷的好友西尔维斯托·希米里（1893—1968）以口头和书面两种形式向塞格雷证实过。希米里出身于西西里的一个显赫家庭，是一名杰出的商业顾问，为人真诚风趣，思路敏捷且富有魅力。他曾在卡塔尼亚大学担任银行学教授，正好安吉罗也在该校教过经济史，就这样，两人结成了密友，在安吉罗离开意大利时，给了希米里一份常规性的委托书。在种族歧视的危险时期，希米里表现得勇敢、真诚又足智多谋，颇得朱佩塞的信任，是个可以信赖的朋友。在战后塞格雷家族事务纠纷的处理上，希米里起到了重要的作用。

1938年，在塞格雷去美国之前的一次交谈中，父亲曾向他表示过这种意图，即将其财产分为价值相等的三部分，哪怕这三部分是由不同的资产组成。尽管这种方式没有法律效力，但正是父亲对其意愿的一个清楚表达。当时根据塞格雷的理解是，父亲想把工厂留给马坷，因为他在那儿工作；不动产部分留给安吉罗，也许他更需要一种易于管理的安全投资；债券部分则留给塞格雷，因为他更有可能移居海外，到时会更需要流动性资产。

以上说的是父亲生前的一些意愿的表达，下面来说一下他生前立过的两份遗嘱，这也是兄弟三人产生纷争的根源。

1942年5月22日，当时正值种族迫害的高峰时期，父亲留下了一份遗嘱，遗嘱中表示将所有资产都留给马坷。但这是特殊情形下的选择，并非是父亲的真实愿望。这是因为，在当时从法律的角度考虑，一个公司的股份需要登记在其所有者的名下，此时安吉罗和塞格雷都在美国，同时美国与意大利又处于交战的状态，所以父亲的这个遗嘱并非出自本心。

1944年5月7日，时局已大有好转，人们看到摆脱法西斯和纳粹统治的日子已为期不远，此时父亲写了一份新的遗嘱。他在这份遗嘱中简单地写道，如果他在没有立遗嘱的情况下去世，他的财产就按照意大利的法律规定来划分，即他的孩子们会得到相同份额的财产。当时他把这份遗嘱委托给了罗马的一名律师朋友。据这名律师表示，他只把这件事通知给了马坷。奇怪的是，塞格雷和安吉罗并没有得到相应的通知，直到后来才发现原来还有这样一份遗嘱存在。这位律师曾肯定地说，朱佩塞于1944年10月4日去世后，他便立即将遗嘱的内容告诉了马坷。

然而问题在于，1944年10月16日，马坷将父亲留下的1942年的旧遗嘱存放起来作为法定遗嘱，而塞格雷、安吉罗、希米里对于新遗嘱的事一无所知。很长一段时间内，他们在不知情的条件下与马坷展开了对自己利益的争取，这一过程充满艰辛，希米里在这件事情中立下了汗马功劳。当然，最终事情得以圆满解决。

2. 科学之外的纷争

兄弟三人曾因遗产分配问题产生了长时间的纠纷，当事人皆为此身心疲惫，彼此之间也充满了埋怨和不信任。

塞格雷在进大学之前从没涉足过生意上的事，了解相关的知识也大都是在餐桌上听来的，父亲时常会在这个时候跟他讲生意方面的知识，他也了解了一些关于造纸厂、投资、工商业、人事及法律上的事，但却并未在实际事务中担任任何职务。塞格雷长大成人后，父亲任命他为公司董事会的成员，但更多的像是一个空架子，没有太多实质性的内容。父亲去世后，他要和两个兄弟兼合伙人打交道，安吉罗的心态敏感又极不稳定，马珂尽管聪明但却无法让人信赖，两人时常会有分歧，并相互制造困难，塞格雷夹在这种误解情绪里也深感烦扰。后来这个曾给家族带来过荣耀，给父亲赢得了声望的企业倒闭了，伴随着企业的关门，塞格雷也结束了这场科学之外的纷争。

1944年5月7日，朱佩塞留了一份新遗嘱。据当时的委托律师肯定地说，朱佩塞去世后他便将新遗嘱的内容告诉了马珂，而没有告知安吉罗和塞格雷。1944年10月16日，马珂将父亲1942年留下的旧遗嘱存放下来作为法定的遗嘱。他的这一举动，让塞格雷与安吉罗两人的“维权之路”艰难了许多。

随着法西斯的垮台，种族主义的法律在意大利被废除，马珂重新得到了父亲纸业公司的股份，即蒂沃利造纸公司，简称SCT。当初为了财产的安全起见，父亲把股份分配给很多朋友，事实证明，这些朋友都是非常值得信任的，并且为塞格雷家族做出了很大的贡献。现在马坷将这些股份悉数收回，全部都转到了自己的名下。

希米里本来是希望这些返回的股份能被转为财产或转给兄弟们，如果都分配给马坷一个人，在兄弟间协商遗产分割时他就会处于一种支配的地位。并且，希米里一直勤奋地致力于财产均等分割的工作，当然也考虑到了工厂实际的需要。

1944年11月20日，希米里与马坷之间相互通了信，此时希米里并不知道还有一份1944年的遗嘱的事情。希米里在信里表示已知道朱佩塞生前的意愿是将造纸厂全部交给马坷，马坷则承认知道父亲想把他的全部遗产分成相等的部分。希米里与马坷之间就至少将部分蒂沃利造纸公司的股份重新分配给其他继承人的协商谈判进行得艰难且持久。当然，如果他知道这件事，也许会变得容易和简单很多。

1946年，也就是在朱佩塞去世两年后，马坷向希米里透露了还有1944年的遗嘱这件事，当时这份遗嘱还被保存着。而此时马坷已将部分公司股份转给了安吉罗和塞格雷，当然他的股份占有比例仍占控制地位。

事实上，塞格雷起初对这些事了解得很少，都是希米里在帮着处理。直到1945年底，塞格雷一直没有和意大利那边的人通信，当时他在洛斯阿拉莫斯。后来直到1947年塞格雷回意大利之前，对发生的这些事情也还是了解得很少。其间希米里曾跟他通过几封信，但很少谈到细节。

最后，希米里想出了一个妥协方案：把股份划分成两类，各具有不同的表决权。马坷取得了蒂沃利造纸公司的经营管理权，但没有变卖这份产业或改变其资本构成的权利。利润将被分成相等的三份。另外，马坷可以拿一份很高的工资，并得到一定比例的销售量。而后来塞格雷的一个朋友告诫他，最后一条是要不得的，并且额外津贴应同利润挂钩，而不是同销售量。

尽管给予马坷的条件极其优厚，但这样的让步并没有使他满意，他总是想得到更多，甚至多得让人接受不了。他想抓住任何一个机会占尽便宜，把合伙人逼到角落，以证明他比自己的两个兄弟要优越得多。

安吉罗是个非黑即白的人，对跟他相处的人要么十分热爱，要么极度憎恨。热爱或憎恨的时候，看人都不公正，掺杂了太多的个人好恶和偏见。很多人在与他相处久了之后，都不愿意再与他来往，唯独希米里不断地原谅安吉罗，这部分是由于他欣赏奇特又自相矛盾的人物，部分由于他自己的自尊和权利，当然到最后，更重要的是出于真诚的友谊。

安吉罗曾一度给塞格雷造成了很大的困扰，他后来回忆说，自己对安吉罗还是太耐心了。安吉罗曾给他写过一千多封信，每封信都会搅得他心烦意乱、寝食难安，对此烦透了的埃弗利蒂曾劝说塞格雷不再给他回信，但塞格雷没有听取，后来他对此很后悔。之所以表现得如此耐心和宽容，塞格雷认为一部分是出于对安吉罗敏锐智力的尊重，另一部分是因为觉得自己在某些方面同安吉罗相似。

经过一段时间的相处，塞格雷发现马坷在公司的治理上表现平平。战争期间SCT的工厂受到的损害很小，加上还有充足的储备金，所以战后的恢复难以想象地顺利。本应该首先集中精力恢复工厂的生机，但马坷计划在蒂沃利附近的庞特路卡诺建一座新的工厂。在执行这个计划时，他表现得举棋不定，而且尽量省钱，事后证明这是因为他听了恶意的劝告。在他的兄弟们看来，他并没有一个确定的计划，却还指责他们阻碍他的工作，他想要的仅仅是钱和全权在手的权力。如果被涉及实质问题，马坷会表现得很生气，他不会对此做出说明，在他看来这样做是有失尊严的，但他浮夸的言辞常常把他的虚伪展现得淋漓尽致。每当这种时候，他都表示会将所有信息提供给代表们，而不是本人，以让他们去评估那些难以理解的财务报告。马坷就是这样一个虚伪、心胸狭隘又时常很糟糕的人。

马坷还利用公司的业务进行投机以中饱私囊。塞格雷他们偶然发现，马坷利用纸浆原料的木材生意赚取差价。也就是说，他自己先买进木材，如果木材涨价，就把它卖到别的工厂赚取差价；如果跌价，就把这些木材转到自家工厂，让其承担损失。类似的事情还有，他会在新工厂附近先以自己的名义买下自认为需要的地，然后再卖给公司，从中赚取利润。安吉罗预见到会发生这种事，向马坷询问，却只得到含糊其辞的回答。塞格雷和马坷之间的信任感并没有增进。

在经过一段时间的痛苦相处后，事情出现了转机。

1953年，安吉罗作了一个大胆的假设，他认为父亲生前肯定留下了他们所不知道的另外一份遗嘱，但马坷为了强制性地控制SCT而没有出示它。塞格雷很难相信这个假设，但在安吉罗的坚持下，他于1953年8月3日给马坷写了一封信，要求他对这个问题明确地回答是或不是。马坷在信中抱怨了兄弟们的忘恩负义，但回避了最关键的问题，他说：“我知道，我在对你们最有利的前提下给你们提出的任何考虑和建议，都受到你们的不信任和怀疑，所以我避免在信中细谈关于我们之间的关系问题。”他建议他们三人面谈。

就在他们面谈的时候，安吉罗猜想某个人手里会有父亲在1944年留下的最后且具有法律效力的遗嘱。他们询问了那位律师，他承认自己手里还保存着那份遗嘱，他表示曾告知过马坷，并且相信马坷会告诉他们。事情进行到这里已经很明朗了，马坷的行为是严重的违法行为，他们给了马坷两个选择，要么按照遗嘱重新公平地分配遗产，要么被起诉。马坷选择了前者，安吉罗和塞格雷分别得到了和马坷相等的SCT股份，这也意味着马坷失去了对公司的控制权。

之后就面临着寻找新的总经理的问题。安吉罗不想离开自己所居住的纽约近郊，塞格雷在伯克利承担着教学及实验的工作，不能常驻意大利。当时安吉罗正与希米里相处得很好，他坚持认为希米里应该掌握SCT的管理权。但希米里却极不情愿接受这份工作，他说自己是一个银行家而不是工业家，对于工业的日常管理工作来说，他并不是适合的人选。由于实在没办法，希米里还是负起了责任，但他面对的都是他不喜欢的业务，当然这些工作由他干也是不合适的。他曾试图让马坷回心转意，希望他接受教训，哪怕是和他一起找出一个暂时解决问题的办法也行，但这些努力都是徒劳的。

在这种情况下，安吉罗就寻找其他的经理，但他什么人也没有找到，而且他又不想离开纽约，这就迫使塞格雷在意大利和美国之间两头跑。后来，塞格雷让其表侄宾多·黎米尼做他的代理人，宾多战前曾在SCT工作过。

尽管如此，在战后的意大利做SCT的管理工作可不是一件容易的事，经历过战争洗礼的造纸工厂以倒闭告终。当时几座主要的大造纸工厂都倒闭了，相反，一些小型的公司却繁荣起来。

1953年，马坷被解除经理职位时，该工厂就已被他严重地损害。最后公司被迫卖给了联合造纸厂，这是一家芬兰的造纸业集团，他们打算以此为契机进入欧洲经济共同体的市场，收购该公司之后改造成集团在意大利的一个子公司。1959年12月签署了最后的协定。塞格雷兄弟们在SCT只留下了少数的利润，并相继把自己名下的股份卖给了联合造纸厂。芬兰人保留了公司的名称，也没有改变其外观。在投资了相当多的资金却不见好转之后，他们决定关闭在蒂沃利的工厂，把重心放在庞特路卡诺的新工厂上面，并且大大削减了工人的数量，这导致了长时间的罢工。后来芬兰人又把公司卖给了意大利的公司，减少了他们的损失。此后，蒂沃利的工厂再也没有恢复生产。从考古学的角度看，蒂沃利的工厂在罗马具有很重要的意义，因此意大利政府行使了征用的权力，将其房屋和附属建筑变成了政府财产。

在那段处理家族纷争的日子里，塞格雷耗费了大量的精力、时间和金钱，在精神上也是饱受折磨，他几乎天天给埃弗利蒂写信，那些信件实际上也构成了他那时在意大利的日记。从他的信中可以了解到，在意大利的那些日子里，他有时会重回记忆里的那些地方去见一些亲友，但都已物是人非，他也会抽时间旅游来放松自己，等等。总之，人们的生活被战争改变了太多，塞格雷一家也一样。经历了战争、父母离世的苦痛，目睹了物是人非、兄弟相争的挣扎，像所有人一样，塞格雷也在经历着种种生活的过程。

在研究方面，塞格雷努力使小组在自己离开的日子里尽量正常运转，同时他还能了解工作的进展情况。随着时间的推移和张伯伦与威甘德在学术上的日渐成熟，这一点越来越容易做到了。最后，他们在对工作作了妥善安排之后，无论谁离开不超过半年时间，工作都不至于被中断。

重新返回伯克利的塞格雷，研究工作日渐顺利，并取得了很多重要的成果。从整个物理学研究的大环境来说，战后物理学的研究方向也在发生变化。

3. 重回伯克利之后

结束了洛斯阿拉莫斯的工作之后，塞格雷选择了返回伯克利，在那里他又开始了自己新的研究生涯。

战后回到伯克利，塞格雷发现这是第二次可以根据自己的兴趣来工作，第一次是在巴勒莫。他不必再为职业所迫而非得发表文章和拿出研究成果不可，在这种相对宽松的环境里，更有利于科研工作取得进展。在这之前，他的工作时常面临着巨大的压力，首先是意大利式的竞争和要求论文发表数量的压力；其次是他在伯克利时的难民身份，再加上洛斯阿拉莫斯的急迫要求，都使得他只能选择出成果快的短期性科研项目，或者承担压力巨大的工作。

返回伯克利之后，塞格雷开始着手进行一些长期科研项目的研究，他认为核子与核子之间的相互作用是一个值得考察的课题。许多著名的物理学家曾对此课题作过很多研究，塞格雷也开始学习这个特殊领域的已有知识。另外，加速器的迅速发展也为该课题的研究提供了独一无二的良机，184英寸回旋加速器于1946年底投入使用。

在这项艰巨的事业中，很多人加入了塞格雷的研究小组。欧文·张伯伦离开洛斯阿拉莫斯后去读了费米的博士研究生，1948年夏天，他在完成学业之后回到了伯克利，成为一名讲师并且重新加入了塞格雷的小组。其他的研究者包括克莱德·威甘德、H.F.约克、汤姆·伊普西兰蒂斯，这些同事、博士后研究人员以及研究生在这项研究中所作出的贡献是必不可少的。

后来的事实证明，这项研究不如理论家们在20世纪40年代预期的那么重要，但仍然具有长远的价值。

除了研究工作之外，塞格雷还担负着讲课的任务。他会定期开设一两门课程，通常高年级大学生和研究生各一门，所教科目也会随着时间发生变化。他经常开设的课程有核物理学和量子力学。塞格雷在课上会努力提出一些有意义的问题，并突出创新性，不主张背书，某种程度上更像是一个实干家的经验之谈，这种教学方式赢得了一部分学生的欣赏，而另外一些人则不以为然。

塞格雷还会组织讨论会，由张伯伦等其他教授组织十余名学生参加。会上通常由学生阐述某篇优秀的评论性文章，多半出自《核科学年评》。在讨论会上，塞格雷想尽量集中精力吸收一些新知识，但他发现，讲演者往往对自己引用的公式及应用的图表并不是完全理解。塞格雷有爱打瞌睡的毛病，当他听不懂时更是如此。塞格雷希望能从讲课中引申出具有科普文学风格的表达，努力追求通俗清晰的阐释。总之，塞格雷希望自己的课程不仅仅提供具体的技术性信息，同时更要对学生进行一种科学态度的教育。

关于科学态度这个问题，塞格雷曾有过这方面的教训，也为此思考过。当他还是一名年轻的助理教授的时候，在一次有科宾诺出席的讨论会上，他当众出过一次丑。科宾诺向他提出了一个问题，是关于绝热退磁方面的，对塞格雷来说，这个问题既难以回答又无法回避，最后塞格雷的回答明显表现出并没有真正地理解自己所说的问题。

遵循着这种思路，塞格雷也曾就这个问题与费米讨论过。在费米去世的前几年，在两人的一次交谈中，塞格雷向他抱怨了当时的一些公认已被“充分了解的”但实际情况却相反的问题。针对这种情况，费米建议塞格雷将他所了解的此方面的问题一一记录下来，这样费米在退休之后可以出一本书，对这些问题作一个详细的阐述，但这个想法却没有实行。当然在塞格雷看来，如果能够写成这样一本书，它肯定会成为物理学方面最畅销的一本书。

在那个时期，塞格雷开始在物理学写作方面下功夫，这也是他一直感兴趣的。

战争期间进行的军事项目所取得的成果很大一部分对军事的价值并不大，但对科学技术的发展进步却是十分重要，但是由于保密规定，这些知识没有被充分利用。而且战后政府对这些秘密报告的解密工作进展缓慢，受官僚主义的影响很严重。因此，塞格雷就决定以己之力来传播科学知识，比如编写著作，做科学杂志的编辑。

首先他决定根据由汉斯·J.W.盖革和卡尔·谢尔主编的德国《物理学手册》的样式，编辑一部大型著作。这是一项浩繁的工程，个人很难独立完成，因为每一章的撰写都需要一个甚至更多掌握第一手材料的专家的专门知识。他组织了一个专家组，最后完成了厚厚的三本卷《实验核物理学》，这部著作很成功，后来还被翻译成俄文出版。

出于同样的考虑，塞格雷于1952年至1977年间还曾在《原子核科学年鉴》担任过编辑工作，之所以退下来是觉得应该由更年轻的人来承担了。这份工作没有报酬，但对塞格雷来说却很有意义，可以帮助他了解最新的潮流，而不至于落后于时代，而且在他的整个职业生涯中，他并不认为这份工作不值一提。

1948年，塞格雷一直待在伯克利，当年的夏季学期费米曾去那里讲课，学期结束后他们一起在洛斯阿拉莫斯待了几周。1949年，生意上的事需要塞格雷去处理，塞格雷一家便回到了意大利。

1949年9月，塞格雷出席了在巴塞尔召开的国际物理学大会，他在会上讲述了小组在核子与核子碰撞方面所做的研究，并得到了沃尔夫冈·泡利另类的肯定。之所以说是“另类”，是因为他是这么说的：“我还从来没听到过比你更糟的报告！”但一位熟悉泡利的物理学家看到他的这番表演后，对塞格雷说：“别听他的。他肯定对你的演讲很感兴趣，因为他一直在摇来晃去，这表明他听得很认真。”塞格雷也很了解泡利，所以他丝毫没有为得到如此评价而困扰。会议结束之后，与会者进行了一次集体出游，他们去了泰斯塔哥里亚的宇宙射线实验室，该实验室的工作主要由吉尔贝托·博纳迪尼领导。塞格雷还去了他在二十年前去过的布鲁伊尔盆地，但昔日的美丽风光已不复存在。

返回伯克利之后，物理系的工作之一就是挑选和招揽人才。此时的就业状况已好很多，塞格雷仍然记得自己在1940年到处面试时的艰难岁月。但1948年之后，这种局面发生了根本性的转变，战前是很多人争抢仅有的几个职位，现在不同了，有实力的求职者可以在几份聘约之中挑选。另外，当时加州大学正处于扩大规模和提高科研及教学质量的阶段，再加上系主任伯格很少主动插手这件事，这为招聘新人的工作创造了相当大的空间。当时加州大学的竞争力还是蛮大的，如果发现了出色的人才，管理部门会设法提供优越的条件。重要的是，对于核物理和实验物理感兴趣的人，辐射实验室的各种设备包括加速器具有极大的吸引力。塞格雷和他的同事们也会跑去参加在华盛顿特区召开的美国物理学学会年会，这是他们发现人才的渠道之一。尽管加州大学很有竞争力，但仍然有一些优秀人才被抢走，这是因为美国东部地区也具有很强的竞争力，尤其他们还为研究人员提供了极为广阔和宽松的科研环境。比如哈佛大学就把加州大学的好几位优秀的年轻教授给挖走了，有斯蒂文·温伯格、米歇尔·廷克汉姆、谢尔顿·格拉肖等人。

但接下来塞格雷发生了一些麻烦事，这让他开始考虑是否要离开伯克利。

1949年，加州大学的校务委员会（该校的最高权力机构）制定了一条规定，即要求全体教员举行效忠宣誓，除其他一些要求外，其中一条是要他们宣称自己不是危害国家的人员。誓词身并没有伤害性，但只要求教授们宣誓，州里的其他雇员不包括在内，这让很多教授感到具有明显的歧视性，因而拒绝宣誓。这件事闹得很大，也分成了两大阵营，加州州长厄尔·华伦同校务委员会里的温和派站在一起，而极端分子则由曾做过律师的J.F.奈兰所领导，极端派占主导地位。这件事对物理学造成了很严重的损失，很多拒绝宣誓的教授被解雇，他们更多的是出于拒绝歧视，庆幸的是，后来他们都找到了很好的新职位。

在塞格雷看来，校务委员会的做法是不称职的，而且他认为所谓宣誓以及与之相关的这场风波都只是一种暂时的决策失误，这种现象在美国历史上已重演过很多次，这次也同样会很快过去。总之，虽然塞格雷在誓词上签了字，但他认为这些东西毫无意义。

塞格雷并不能预见事情会如何发展，他的态度是与加州大学保持一定的距离，以静观其变，是走是留再做决定。

然而这件事还没有过去，塞格雷的身上又发生了另外一件事，这让本已处于不良氛围的他处境进一步恶化，这件事就是布鲁诺·庞特科沃叛逃到苏联的事件。

1950年10月20日，庞特科沃一家到芬兰去旅行时失踪了，据当时情形的合理推测，他只能是去苏联了。1940年庞特科沃从纳粹手中逃脱后来到了美国，在塞格雷的推荐下被图尔萨的一家公司收留。塞格雷并不知道他出逃的原因，关于他的消息也都是来自于报纸，两人虽是朋友，但除了为他介绍工作以及曾一起参加过巴塞尔会议外，塞格雷并没有参与庞特科沃的密谋。

虽然是这样，但仍然给塞格雷带来了不小的麻烦。美国政府的官员讯问过他，但完全承认他与此事无关。可是在工作中与塞格雷有竞争及其他目的的同事们，如G.M.贾尼尼和路易斯·阿尔瓦雷兹却借这件事攻击塞格雷。塞格雷曾对伯格、布罗德和索恩顿讲过这些事，他们都表示没有人怀疑他，并劝他要冷静。他也曾向加科莫·安柯那的一位法官朋友讲过此事，那位朋友劝他不要对此作任何反应，只能静待事情平息。

当时伯克利的气氛远非轻松合意。1949年8月29日，苏联的第一颗原子弹爆炸后，更是预示着更大和更不祥的事件正在伯克利酝酿着。劳伦斯越来越关注美国的原子武器，在他看来，美国的原子武器威力还不够大，他设法通过各种技术上的创新来改进它们，但都以失败告终。塞格雷了解其中的某些计划，并认为这是愚蠢的行为。他出于责任曾向劳伦斯讲明自己的理由和计算结果，但劳伦斯的反应很激烈，指责塞格雷不爱国、懒惰、自私等等。塞格雷并没有生气，他预料到会是这样的结果，劳伦斯仍然让他继续使用实验室里的设备，并一如既往地支持他的工作。

科学家之间也会发生各种各样的争斗。当时，劳伦斯和特勒为了制造氢弹而联合在一起，特勒自从在洛斯阿拉莫斯时就醉心于此，为此还与奥本海默、贝特及其他人发生了严重的冲突。在科学方面有着最高声望的费米，不同意制造氢弹，并认为自己有义务向政府说明氢弹的技术状况。苏联研制出原子弹之后，特勒开始加倍努力，他加入了劳伦斯、美国空军及其他科学家和政治家的联盟，来努力发展美国的氢弹。

塞格雷认为氢弹的效用是值得怀疑的，他也不想卷入到这项军事计划中去，对这一时期与此相关的斗争、阴谋和诡计也知之甚少，更是没有参与。他与劳伦斯之间算不上密友，也无意越过两人之间的鸿沟，这样反倒使两人轻松许多。塞格雷也曾试图劝说过特勒，但他完全被一种不可抗拒的热情所支配，他的热情显然超出了理性。

与塞格雷相比，学生和博士后研究人员的处境要艰难得多。原因大概有以下几个：首先，对他们来说谁对劳伦斯说不，谁的前途就会严重受阻；其次，在科技知识和地位方面，劳伦斯较他们占有很大优势，但塞格雷就好得多；另外，这也不失是一个挣钱的好途径。塞格雷会向他们坦陈自己的意见，但强调决定要他们自己做，他只是尽己所能分析各方利弊，供他们参考。他指出，这种行为已严重败坏了学术氛围和学术团体本身。当然这种类似的斗争直到今天仍一直在持续着。

那段时间，塞格雷接到了许多不同学校的聘约，加上宣誓风波造成的困扰，他决定暂时到乌巴那的伊利诺斯大学去，以等待风波平息。W.F.卢米斯是该校物理系的主任，既有能力又通晓事理，是当地的特权人物。多纳德·科斯特的那台电子回旋加速器虽然不能完全如人所愿，但已相当不错。

在去乌巴那之前，塞格雷可以在欧洲待上几个月。1951年，同妻子在巴黎期间，塞格雷受邀在林琴科学院作了一次多尼甘尼演讲。能作这种演讲是一种很大的荣誉，以前该学院仅仅在1949年邀请过费米一次。1955年，塞格雷被授予了具有很高声望的坎尼扎罗奖章。1958年，他又被林琴科学院选为外籍院士。

1951年底，国际商用机器公司（IBM）计划建立一所科学实验室，并建议塞格雷担任实验室的主任。该实验室将与哥伦比亚大学联合，专门从事在短期内没有任何商业应用价值的基础研究。这一建议很有吸引力，虽然与核物理研究相差很远，但通过它可以保持与大学的联系，薪水也比在伯克利时多一倍。在同公司的商谈中，塞格雷开始系统地制订实验室未来的某些计划，并积极寻找合作人选。

在这期间，塞格雷还接到了来自布鲁克海文国立实验室的邀请，这更加大了他的选择难度。在难以选择的情况下，伯克利的情况好转了。当时没有宣誓的人起诉了校务委员会，官司最终打到了加州的最高法院，最后法院裁定宣誓的做法违宪并被终止，校务委员会的成员组成也发生了变化。经过深思熟虑，塞格雷还是决定回到伯克利去。

但是在伯克利的日子也并非事事如意，塞格雷时常处于一个略显尴尬的局面，他不得不在物理系和辐射实验室之间摇摆。一方面，他的研究离不开加速器和实验室的支持；但另一方面，他与劳伦斯存在着隔阂。劳伦斯对塞格雷的工作一直很支持，对他的帮助很大，也极少与他作对或难为他，塞格雷对此也很感激。但塞格雷不认同劳伦斯在军事方面的作为，两人之间似乎存在着不可弥补的鸿沟，塞格雷对他一直保持着距离，从未加入到对方的密友之列。

就像当年对科宾诺讲话一样，塞格雷很难自然地与劳伦斯交谈。塞格雷明白自己欠劳伦斯很多，但又努力躲开他。他一直称其为“劳伦斯”，而不像实验室里的其他人都称他为“恩内斯特”，对塞格雷来说，想要改变这一称呼很难。

两人在工作中还算愉快，塞格雷小组常常卓有成效，一般要求也不多，劳伦斯总是尽量满足，也很支持他们的工作。尽管塞格雷认为两人未必会建立亲密的关系，在以后的日子里他仍然为打破这层坚冰而努力。

此时，战后物理学的研究方略也在悄然发生着变化。

4. 战后物理学研究方略

对塞格雷来说，科学是他最主要的工作，为此他耗费了大量的时间和精力。除在实验室做研究外，其他的时间也会想着物理学，甚至他的很多想法是在登山出游的时候想到的。随着时间的变化，整个物理学研究在发生转向，塞格雷的研究任务同样也在变化。

战后，物理学的研究方向发生了很大的改变。塞格雷习惯将当时的那种实验称作“巨舰实验”，即实验本身并不复杂，仅仅需要在尽可能高的能量状态下使用一种技术来完成。这个比喻是将物理学研究比作了海军作战，可以拿英国海军上将纳尔逊和二战初期的某一个海军舰队司令所起的作用作个比较，来理解这个比喻。纳尔逊必须推测敌人所在的位置及天气状况，以此制订舰队的作战计划。但一名现代的海军司令不需要这样，他只要拥有远射程的大炮，就可以直接击中敌人。而现在对于物理学研究来说，仅是依靠更强有力的仪器设备，就很可能获得新发现。当然这并没有低估这些发现的价值，也不是每一个人都能制造这些工具并懂得使用它们。自然，除此之外，还有一些因素制约着实验的成败，但在物理学中，法拉第在一天内做成好几个重大实验的时代已成为过去。

战后的伯克利尤其适于做“巨舰实验”，其中重要的原因之一是，加速器在能量和运行质量两方面都是第一流的。除此之外，工作条件也发生了很大变化，资金更加充裕，研究者也更容易得到加速器的使用机会。

塞格雷将其从事的工作称为“不用设备的物理学”研究，这是因为他所应用的技术是很简单的，这与他在罗马大学受的教育也有关系，他本人更倾向于理论物理学的研究。总的来说，从一开始，塞格雷研究工作推进的基本方向就是探索现代物理理论所作出的各种或深或浅的推测，或者去测量那些被认为是重要的东西。虽然与其他的研究方向相比，这种研究不具有突出的独创性，但是可以帮助他发现一般人不能马上明白的事情。

按时间顺序来梳理一下，塞格雷从事的研究工作主要有：在禁线方面的工作；在“肿胀原子”（现在称为里德伯态）方面的工作；新的化学元素的发现，包括锝、砹和钚；对同核异能核素的化学分析；以及通过化学反应对放射性衰变常数的改变。另外，还有同费米一起做的中子研究和在奥托·斯特恩实验室做的关于分子束的研究。需要指出的是，塞格雷在核子间碰撞方面的探索和在反质子方面的工作是典型的“巨舰实验”。

在这里要说一下加速器的使用时间是如何分配的。这种按比例的分配是一种行政决定，使用者要在例会上阐明使用理由，然后经过磋商决定是否可以使用。在塞格雷看来，若要取得加速器的使用权，有以下几点需要注意：首先是要表明你将如何有效利用这些时间，也就是要求小组要做好各种实验准备，而且要取得令人感兴趣的成果；其次是要得到操作机器的技术人员的积极合作，这一点也很重要。关键一点是要做到尽可能的透明和分享，将小组要做什么、怎么做以及为什么这么做告诉他们，尽可能取得他们的理解和支持，这样一切就好办多了。

粒子学研究一直在发生着变化，其他的专业也是一样，塞格雷在晚年时越来越意识到了这一点。他发现，物理学一直向着增强专门化和加大技术复杂性的方向发展。仪器设备所需的经费多了，研究人员多了，对协作的要求加强了，对研究者及研究小组组长的个人素质的要求也发生了变化，等等。塞格雷是针对粒子物理学而言的，但其他专业也正朝着相同的方向发展。

1953年，与核能专利有关的老问题到了必须解决的关头。塞格雷在两个专利中占有份额，一个是罗马的中子专利，另一个是和钚有关的专利。当时后一个专利还没有被批准，只是一个申请。

费米小组在发现慢中子之后就申请了中子专利，1935年10月26日，这项意大利专利得到批准，专利号为324458。这个专利后来延伸到了其他国家，包括美国。1935年欧洲局势日益不稳定，他们便将这一专利转移到了一个美国公司中，后来与美国的一名年轻商人G.M.贾尼尼达成协议，他被作为专利所有人之一，享有同等份额的利益。专利费用由埃因霍恩的飞利浦公司支付，付专利费用者也占有一份同等的专利权益。

后来，费米和塞格雷尝试让美国的一些大公司对此专利产生兴趣，但都没有成功。随着裂变发现之后，人们对发展原子能产生了极大的热情，而中子专利成为所有原子能应用的基础，因此这项专利也变得颇具价值。专利的持有者在战争期间就曾想过专利的补偿问题，但认为不太合适便等到了战后。在战争结束后的一段过渡时期，国会就原子能法案和其他一些问题进行了辩论，人们期望该法案能规范专利的权利问题，以及政府在征用时对专利的补偿问题。

在战后的过渡时期，美国政府通过它的几个专利律师与费米进行了讨价还价，这场谈判艰难而持久。最终，对中子专利的补偿定价为40万美元，这成了对最重要的专利进行补偿时的一个标准价码。除去花费，每个发明者领到了大约两万美元。

与中子专利相比，关于钚的专利的历史则完全不同。这项专利由塞格雷、西博格、肯尼迪和瓦尔四人共同拥有，并向政府提出专利申请。但后来政府想无偿征用这项专利，他们之间进行了一场持久的谈判，先是与曼哈顿特区，后来是同美国原子能委员会。

1946年的麦克马洪法案要求政府在做出“公平的补偿”的情况下征用这些专利权，但一直没有明确的原则可以遵循。后来加利福尼亚大学插手此事，校务委员会的多数派成员想方设法在学校员工面前维护他们的权威，因此专利权利也被扯了进来。劳伦斯是多数派的坚定支持者，对发明者们持敌对立场。西博格代表发明者进行了出色的谈判，维护了其利益。

美国原子委员会付了四十万美元，与中子专利所付的金额一样，但因没有法律方面的费用，他们每人分了十万美元，这在当时是一笔不菲的数目。

这两个专利的情况是大不相同的，付给中子专利的钱实在是少了很多。在塞格雷看来，他们作为发明者在美国所受的待遇，反映了那些律师和官僚主义者的思维模式，他们尽可能地剥夺发明者们，以示对政府尽忠尽责，甚至是邀功请赏。而英国与美国的做法不同。不能否认英国政府对此就不吝惜钱财，但比美国高明很多，它会通过授予发明者们爵士称号及终身贵族的地位，以此来满足发明者们，这种付出并不昂贵，但效果要好得多。

1953年，克莱德·威甘德和汤姆·伊普西兰蒂斯依靠碰撞，成功地将同步回旋加速器中的质子射束极化。这种方法并不新鲜，但伊普西兰蒂斯的成功在于，他取得了较好的结果，并开始了对极化质子的探索，这为核子间碰撞的研究开创了新的可能。汤姆·伊普西兰蒂斯是塞格雷的学生，塞格雷也很欣赏他。

1954年2月，塞格雷同费米详谈了他们小组在极化方面的工作，这是他们最后一次谈论严肃的科学话题。

第八章 摘得成熟果实

1. 再见，费米

1954年11月29日深夜，塞格雷被一个电话叫醒，告知他费米去世的消息。费米过早的、未曾预料的去世深深地打击了塞格雷，直至晚年，他的梦里还会经常浮现出费米的影子。

塞格雷曾被多次邀请前往巴西讲课。1954年，塞格雷去里约热内卢作访问，其间他去了乌拉圭、阿根廷和秘鲁，他很喜欢当地的文化、美食和美景，并结识了一些朋友，这些朋友日后对他都有过帮助。

1954年10月8日，塞格雷接到了从芝加哥打来的一个电话，此时他刚从巴西回来，正在恢复日常的工作。打电话的是萨姆·艾利逊，他的语调已表明他要传达的将是一个坏消息。塞格雷从他语无伦次的话中得知，费米刚动完一个手术，得的是无法医治的胃癌。听到这个消息，塞格雷惊讶得不知所措。

两人在2月份时见过一面，当时塞格雷发现费米有些疲倦，但没往心里去。 夏天时费米去了意大利，塞格雷去了南美洲，之后再没接触。费米在意大利时，就开始知道自己患了重病，所以一回到芝加哥就住进了比林斯医院，主治医生作过检查后发现这是一个不治之症。

得知消息的塞格雷以最快的速度赶到了芝加哥。在比林斯医院，他看到了病床上的费米，一根管子直接插在他的胃里。这位患者正用秒表通过数点滴来测量输液的流量，就像在做生理学的实验。这不禁让人想起塞格雷曾经教费米钓鱼时的情景，费米同样发明了一个钓鱼的理论，却没有学会钓鱼。在接下来的几个小时里，他们谈论了各种话题。

费米对自己的状况很清楚，并开始谈论他还能活多长时间，以及在这段时间里他还能做什么。他请求塞格雷把爱德华·特勒招来，并且脸上带着轻轻的讽刺意味，微笑着说："对于一个临死的人来说，还有什么能比拯救一个灵魂更高尚呢？"费米认为特勒插手氢弹的事以及参加奥本海默听证会的行为应当受到指责，至少已将科学团体分裂成了小集团，他想让特勒认识到这一点。而且费米认为特勒能做的就是闭嘴，以等待人们将他忘记。塞格雷尽快转告给了特勒，后来去看了费米，并对这次访问作了自己的记录。

费米还谈到了世界的未来，他的态度是悲观的。他认为，原子弹正在使文明的毁灭成为可能。一个国家一旦由一个疯子掌权，就有使用原子弹的可能。而历史证明，过去的每几个世纪里都会出现一次这种情况。因此，费米推测，如果幸运的话，文明大概只能够持续不多的几个世纪。

费米说，如果他还有时间和精力，他在科学方面想做的最后一件事，是把他在核物理学方面的演讲写下来，这些演讲仅存在于学生的笔记里。他还悄悄地跟塞格雷说，他已被一个天主教神父、一个新教牧师和一个犹太教教士赐福。他认为这样做既让他们高兴，对自己又没有坏处。

当时费米的妻子劳拉刚刚完成她的著作《原子在家中》。费米注意到，他的去世会更好地促成这本书的成功出版，他也希望妻子在文学上的成功能帮她度过困难时期。

他们聊了几个小时，涉及很多话题，塞格雷在那天下午的最后时刻离开了费米。走出医院后，塞格雷感到极为不适，他的情感受到了强烈的冲击，甚至有些超出了他的承受范围，几乎不能站稳，他有些迷糊地走进了碰见的第一家酒吧，用一瓶法国白兰地试图使自己坚强些。这在塞格雷的生活中或许是独一无二的一次。

塞格雷回到了伯克利，心情很糟，坐立不安，他尽快返回了芝加哥。此时费米的情况更糟，但语气更加清醒从容了。那天他们聊到了很晚，费米向他说起了自己的痛苦，还有一些别的话题。当天深夜，塞格雷被一个电话叫醒，被告知费米去世了，那是1954年11月29日。

塞格雷参加了在芝加哥大学举行的追悼仪式，圣经文句选用的是圣弗朗西斯的《太阳兄弟之歌和他的所有创造物》。

费米的去世深深地打击了塞格雷，直到塞格雷在晚年仍时常想起费米。在悲痛中，为了纪念费米，他早期的学生和朋友们决定出版他的选集。林琴科学院和芝加哥大学出版社承担了此事，塞格雷被任命为编辑委员会的主席。

1955年，塞格雷一家从伯克利搬到了拉法耶特，在克莱斯特路36号，是位于伯克利东部约十英里的郊外社区，环境很好。但因地质问题，1978年，他们卖掉了这座住宅。这处房子是塞格雷一生中特别热爱的，另两处是蒂沃利的和玛利诺莱的特莱维斯庄园。

2. 探索反质子

1928年狄拉克建立了关于电子的相对论理论，从而提出了存在反粒子的问题。这一理论认为，同电子相对应，存在着一个当时未知的稳定粒子，其质量和自旋与电子相同，但有着相反的电荷和磁矩，即存在着电子的反粒子。这种粒子被称为正电子。他做出预言时，正电子还是未知的，而不存在正电子被认为是狄拉克理论的一个严重缺陷。

1932年，C. D. 安德森在宇宙线中发现了正电子，于是这件事迅速就有了转机。在当时，反粒子的概念被概括为一个基本的原理，即每一种粒子都有自己的反粒子。对于中性粒子来说，粒子和反粒子有可能恰好是重合的。

通过对狄拉克的理论加以扩展，来预言反粒子的存在似乎有道理，但并不能确定。1931年前后奥托·斯特恩测量质子磁矩时，就发现与狄拉克的预言相距甚大，令物理学家们大为震惊。多年以来，很多实验物理学家一直在宇宙线中寻找反质子，但都没能得出最后的结论。

1955年，高能质子同步稳相加速器达到了设计能量值，这为证明反质子存在提供了一个机会。伯克利的若干研究小组都参与了探索反质子的行动，塞格雷小组曾研究过这个问题，并已做好了准备。

塞格雷决定从两个方面入手，一方面着眼于确定粒子的电荷和质量，另一方面则是集中力量观察趋于静止的反质子在湮灭时的伴生现象。按照第一个方向，塞格雷、张伯伦、威甘德和伊普西兰蒂斯设计建造了一个质谱仪，它具有若干新的技术特色。沿着第二个方向，小组中的捷森·高德哈伯负责把照相乳胶暴露到设备产生的一股富含反质子的射线中去“感光”。还有很多人参与了这项工作，他们就如何发表实验成果及如何对每个人做出评价达成了一致。当时很多小组之间展开了竞争，但并不妨碍彼此间的相互帮助。

探测工作于1955年8月25日启动，对设备进行测试后，开始观察到了反质子的信号。对反质子的识别依据对粒子的速度、动量和所带电荷的测量结果。他们还通过检验证明，能量低于阈值的质子不会产生预期的信号。他们大约在每隔几十万个粒子通过设备时能探测到一个反质子，这种信号以每几个小时一次的频率出现。

实验进展得很顺利，实验室里的很多人跑去看他们的发现，为了顺利开展工作，他们把实验结果以公告形式写在了黑板上。他们决定给《物理学评论》和《自然》杂志分别写一篇文章，并按照姓名的字母顺序解决了作者的排序问题。

1955年10月1日，结束的质谱仪实验证明了反质子的存在。塞格雷认为应将这种新粒子命名为反质子，而劳伦斯喜欢负质子的名称，当然他没有固执己见。

在那段时期还发生过一次不愉快的插曲。在实验的计划阶段，物理学家奥莱斯特 · 彼乔尼曾提出过一些好建议，这在塞格雷小组发表的文章中得到了充分的体现和认可，并被反复提及。但他给劳伦斯写了一封信，谴责塞格雷小组的若干错误行为，尤其指责塞格雷本人。劳伦斯做出调查后，予以驳回。1972年，彼乔尼起诉了塞格雷和张伯伦，认为他们剽窃了他的想法，诉状一直被递交到美国最高法院，但所有的法院都拒绝审理此案，因为它已过了法定的诉讼时效。

一天，塞格雷抱怨乔彼尼给他带来的烦恼时，彼乔尼的一位老同事不停地感叹：“可怜的奥莱斯特！可怜的奥莱斯特！”这让塞格雷非常不满，质问道：“为什么是可怜的奥莱斯特，而不是可怜的埃米里奥？”他回答道：“不，就是可怜的奥莱斯特而不是可怜的埃米里奥，因为奥莱斯特发疯了，而你则没有！”

发现了反质子之后，塞格雷小组开始研究反质子的性质。由于技术所限，他们与拥有丙烷气泡室的威尔逊·鲍威尔小组进行了合作，得到了由反质子通过电荷交换生成的反中子的清晰照片。其他的小组也对此进行了研究，如阿尔瓦雷兹小组。

反质子的发现是一件好事，但是这件事也产生了不良后果，塞格雷小组的结构和成员之间的关系发生了变化。

欧文和克莱德是小组的创始人员，研制了他们使用的大多数电子探测器和许多不同种类的计数器。发现反质子之后，两人的情绪都很低落。欧文想要更多的独立性，但这几乎是不可能的，他从哈佛大学回来之后，成立了一个小的独立研究小组，退出了塞格雷小组。克莱德甚至伊普西兰蒂斯也有单干的想法，但伊普西兰蒂斯仍处在事业的起点，比较年轻又性格开朗，所以这件事对他的影响并不是很大。

塞格雷是反对小组分裂的，他认为小组的力量源于不同人才的组合，小组的分裂和解散将会对所有人造成损害并减少应有的科学成果。小组的每一个人都是不可替代的，但是单个人也并不会突出地占据主导地位。欧文的批判性头脑、克莱德的技术能力、汤姆的热情和乐观主义等，这些都是其他人无法比拟的。当然塞格雷也不否定自己的贡献，但令他难过的是欧文和克莱德似乎执意要独立，他难过的另一个原因是，他们两人作为自己的学生和同事已达十五年之久了，这在一定程度上更类似于父子间的问题。

作为解决办法，塞格雷尝试着给年轻成员们更广泛的自主性，尊重个人创见，这些创见有成有败。当时规模大些的研究小组正进军粒子物理学领域，但塞格雷小组规模太小以致无法与他们竞争。

后来，欧文又重新加入了塞格雷小组，这使塞格雷很高兴。塞格雷希望比自己年轻十五岁的欧文成接替他成为小组的带头人，伊普西兰蒂斯作为二把手，这对欧文来说成了现实，但后者早已离开伯克利。

1956年春天，即发现反质子几个月之后，塞格雷意外接到了邀请他参加在莫斯科召开的一个国际科学大会的电报。起初劳伦斯出于政治上的理由反对塞格雷出席，但他和张伯伦避免与劳伦斯发生正面冲突，采取了一点策略。接到邀请的不只他们两人，只是他们可能是最早收到邀请的，随着收到邀请的人多起来，劳伦斯也不好反对那么多人，最后顺利成行。

在苏联的旅行延续了六个星期。其间他们去了莫斯科、圣彼得堡，之后又前往亚美尼亚，受到了各种优待，塞格雷还意外地收到了苏联外文翻译局付给他先前主编的《实验核物理学》第一卷的稿酬。在这次旅行中，他再一次见到了庞特科沃，那时他还未被完全苏联化。他还结识了很多有才干的物理学家，如伊戈尔·塔姆、阿列卡尼亚兄弟、巴威尔·彻伦科夫等等。塞格雷的一个深刻感受是，在那里无足轻重的事要少讲，哪怕是很单纯的话题。飞机飞到土耳其和苏联的边境上空时，塞格雷看到下面有一大片的军用飞机场，得到导游允许后进行了拍照，多年之后回想起来，仍然觉得自己当时太莽撞了。

1957年，曾在苏联相遇的一些科学家们去伯克利进行回访。后来，塞格雷两次重访了苏联，最后一次是1969年，去参加门捷列夫化学元素周期表发表一百周年的纪念活动。

反质子的发现使塞格雷获得了诺贝尔物理学奖，这项荣誉来之不易。在此之前，塞格雷不止一次认为自己有资格获得，但都以失望告终，直到反质子的发现给了他该有的荣耀。

生活总是这样，起起伏伏，有喜有悲，塞格雷也同样，生活里充满着荣耀与苍凉。

3. 荣耀与苍凉

自从战争之后，塞格雷就开始想，在新化学元素及放射化学方面的工作可能会使自己获得诺贝尔奖，但在愿望成真之前经历了几次失望。

当时西博格正以类似的理由争取获奖，但塞格雷不知道怎样提出自己的要求，他更希望委员会能以某种方式将这一奖励分开授予。1947年，美国化学学会芝加哥分会举行了一次民意测验，塞格雷被评选为美国的十位最佳放射化学家之一。“结局总与希望背道而驰。”（阿瑞奥斯托：《奥兰多的愤怒》）1951年10月，塞格雷在参加一次酒会时听说诺贝尔化学奖已授予麦克米伦和西博格时，他感到了深深的失望。多年以后塞格雷发现，劳伦斯也认为他是一个很好的候选人。

1954年，塞格雷在巴西遇到了赫维西，两人是无话不谈的朋友。赫维西在瑞典有很多关系，知道诺贝尔委员会的很多内部信息，他告诉塞格雷，由于他在1951年未得到特别提名所以被自动排除在外。他还建议塞格雷设法让费米关心此事，但塞格雷没有这样做，他很清楚，费米是不会被诸如竞争和得奖的事所影响的。

但是，在费米去世几年后，他的妻子劳拉将其书信文件送给雷根斯坦图书馆之前，请塞格雷去看一看。塞格雷惊讶地发现，费米和詹姆斯·弗兰克曾多次提名他为诺贝尔化学奖的候选人。费米主动自发的提名深深地感动了塞格雷，这也是他之前不去向他寻求帮助的原因。他还看到了费米推荐的其他三个人，塞格雷对他们讲了之后，都很惊讶又感动。

1955年，反质子的发现再次令塞格雷看到了自己获得诺贝尔奖的可能性。

1957年，李政道和杨振宁提出了弱相互作用下宇称不守恒。每个人都开始去做与该课题相关的工作，塞格雷对此也很感兴趣，并试图阅读和理解与宇称不守恒相关的文章。但他又很快意识到，新的发现可能会推迟自己获诺贝尔奖的可能性，李政道和杨振宁将会有优先权。他觉得自己的这种想法既狭隘又自私，如果发生这种事，他承认是自己的运气不好。

1957年10月，诺贝尔物理学奖授予了李政道和杨振宁。对此作过贡献的吴健雄没有包括在内，多年以后，她获得了很重要的沃尔夫奖。

1958年7月，塞格雷去日内瓦参加一个在欧洲原子核研究组织召开的国际科学会议。会议期间他曾看到过劳伦斯，此时他的结肠炎又犯了，而且很厉害，后来回到了伯克利，住进了斯坦福大学医院。1958年8月27日，塞格雷听到了劳伦斯去世的消息。

塞格雷对劳伦斯做出了自己的评价。他认为劳伦斯是一个热情认真、容易感情冲动、乐观且十分积极主动的人，是一个天生的领袖人物。虽然偶尔会器量狭小，但他基本上是宽宏大量和慷慨的。尽管他在政治方面有不光彩的一面，就个人而言，塞格雷对劳伦斯是充满感激的，他给过塞格雷很多支持和帮助。

1957年初，西博格告诉塞格雷，劳伦斯的提名对于辐射实验室里的任何一个人来说，都是必不可少的。塞格雷说他不会主动为这种事向劳伦斯开口，如果西博格能出面讲，他会很感激。几周之后，塞格雷收到了一封信，信中说收到了劳伦斯对他的提名，但是两人从未说过此事。

1958年，塞格雷被授予了德国化学协会的霍夫曼奖章，9月底他去了德国的威斯巴登接受这枚奖章。

劳伦斯去世后，埃德温·麦克米伦成为辐射实验室的新一任主任，实验室的名称改为劳伦斯伯克利实验室（LBL）。

1958年，塞格雷以古根海姆基金研究员的身份，在罗马度过了很长一段时间。在申请研究员资格的时候，发生了一件趣事。塞格雷和拉赛蒂都做出了申请，但需要证明人的推荐信，两人在毫不知情的情况下都以对方为自己的证明人，当然最后两人都获得了研究员的资格。在做研究员的这段时间，塞格雷主要忙于费米的两卷论文集的组织工作。他为该论文集写了传记性导言，这为他写费米的传记打了基础，十年之后，塞格雷出版了费米的传记。

1959年1月19日，巴勒莫大学授予塞格雷一个荣誉学位，他十分感激。去巴勒莫接受学位是战争以来第一次访问该地，此时的巴勒莫已大大衰败了。

不久后的2月份，塞格雷去了斯堪的纳维亚，他应邀访问哥本哈根的玻尔研究所，并到斯德哥尔摩和奥斯陆为斯堪的纳维亚各大学的联盟——诺第塔作演讲。这样他再次见到了玻尔父子等人，并到处都受到友好的欢迎。

返回途中，他在汉堡作了短暂的停留。应老朋友W.詹奇柯之邀在1959年2月16日作了演讲，还在三十年前曾工作过的古老的斯特恩研究所发表讲话。在汉堡期间，塞格雷意外地在一份报纸上看到了一个侦探的广告，是专门找人的，他便写了一封信请他寻找昔日的女友“伊”。她还是被找到了，两人见了面，话题多是以前的事情。她仍然不相信纳粹的罪恶事实，这让塞格雷很震惊。几年之后，她的两个女儿给塞格雷寄来了讣告，告知他她们的母亲已去世。

1959年3月，塞格雷回到了意大利，在此期间，他出席了一个为SCT的老雇员颁奖的仪式。被选为家族代表做这件事，塞格雷感到很欣慰。

当他回到伯克利的时候，诺贝尔奖公布的日期已临近了。与往年不同的是，诺贝尔评奖委员会在最后表决一周将候选人名单透露给了媒体，制造了紧张气氛。经过一周的提心吊胆之后，1959年12月26日，塞格雷从收音机里听到了结果，塞格雷和张伯伦因发现了反质子而获得诺贝尔物理学奖。

在颁奖那天晚上的学生舞会上，塞格雷作了第二次演讲，他讲了一个小故事。大意是两只青蛙都掉到了一只盛满奶的木桶里，其中一只青蛙在努力了很多次无果后，放弃了跳出去的希望，最后它掉进去淹死了；而另一只青蛙没有放弃跳跃，一次次地跳起来，又一次次地掉回去。就在它筋疲力尽的时候，它突然觉得腿下有坚硬的东西，一个黄油结成的小岛正在形成，它又跳了几下，小岛足够大了，它休息了一会儿之后跳出了木桶，因此得救了。塞格雷讲的这个故事寓意很清楚，是对自己科学研究生涯的真实写照，也是对年轻人的勉励。

获奖是好事，但对塞格雷来说，也有些许的遗憾，无论是他的父母、克劳迪奥伯伯，还是科宾诺和费米，都没能看到他获得该项奖励。塞格雷觉得，父母如果能知道这件事，可能会比他本人还要高兴。而且他难以想象克劳迪奥伯伯会有多兴奋，当年仅仅因为他在力学课的考试中得了一个优等成绩，伯伯就给了塞格雷一双金制的链扣作为礼物。

塞格雷认为自己从未头脑发热过，奖项是对自己的一种认可，但他心里始终明白，任何荣誉都不可能影响自己的才干。在塞格雷看来，诺贝尔奖之所以具有威望，是因为授予了该被授予的那些人，但不意味着就不存在一些平庸的人获了奖，而一些杰出的科学家被漏掉了，如G.E.乌伦贝克和S.A.古德斯密特，他们两人发现了电子的自旋。塞格雷把获奖者大体分为三类：一类人提高了诺贝尔奖的威望，如爱因斯坦、玻尔、卢瑟福和普朗克；另一类人被诺贝尔奖提高了威望；还有一类人和诺贝尔奖之间得失相当，不盈不亏。

获奖当然有很多好处，但也有不好的一面。显而易见的好处是该奖项的奖金很高，大约相当于一名教授每年工资的十五倍。还有很多无形的好处，如各种邀请，在同事中的声望，在许多场合露面的机会，甚至还会提供一个私人停车位，等等。但也有不利的方面，如你对各种事件发表的议论都有无数人关注，对于有忌妒心的同事及合作者相处时会增加困难，等等。当然，塞格雷清楚，他们的工作才是最有意义的。

塞格雷和费米曾有过一段有趣的对话。“埃米里奥，你可以拿你的所有工作去换狄拉克的一篇论文，而这样做你还会占到便宜。”有一次费米这样对塞格雷说。塞格雷承认此话不假，但他也对费米说：“我同意，但你也可以这样做，先用你的工作去换爱因斯坦的一篇论文。”费米在略微停顿了一下之后同意了。塞格雷认为，很多科学家不愿承认他们比同代人差，这是他们在性格和人生幸福方面产生可悲后果的根源所在。

1960年3月，塞格雷在伯克利做了学术研究演讲，这在他接受诺贝尔奖之前就已定下来了。能做这个演讲是一种很高的学校级别的褒奖，演讲者的范围是伯克利的全体教学人员及有学衔的行政人员，谁来做演讲由同事推选决定。作过这次演讲后，塞格雷成了该演讲推选委员会的一名成员，并在其中工作达十年之久。

对塞格雷来说，1960年是令人伤心的一年，在这一年里发生了几个悲剧事件。4月23日，科奈留斯·巴柯尔在一次飞机失事中遇难，两人自1930年以来就是朋友了。几个月之后，塞格雷夫妇亲密的朋友弗朗西斯·詹金斯患了不治之症与世长辞，詹金斯曾在患难时期给过他们很多帮助。塞格雷为他写了满怀深情的讣告，并致了悼词。1967年，詹金斯的妻子亨莉埃蒂也去世了。

1960年秋天，受洛克菲勒基金会的邀请，塞格雷去尼日利亚参加该国家定于10月1日举行的宣告独立大典。这是塞格雷的第一次非洲之行，埃弗利蒂一同前往，两人作为伊巴丹大学的客人，在那里逗留了约三个星期。

第九章　停不下的脚步

1. 多重身份

在整个学术生涯中，塞格雷将主要精力都放在了科学研究上，他始终逃避着管理工作。尽管如此，他仍然担任过很多职务。

逃避这方面的工作是很容易的，但塞格雷仍然接受了很多职务，尤其是在他五十岁之后。他从没有主动努力要求进入某些组织，但作为一种惯例，如果学校、政府或者其他公共机构提出请求，他总是会接受任命。接下来就看看塞格雷曾担任过哪些职务。

塞格雷曾几次被美国科学基金会或美国科学院召集到华盛顿，或被邀请担任美国国家航空局及类似机构的专门小组的成员。

他还曾经是若干学校几个委员会的特邀理事、顾问和成员等。他觉得自己在这些委员会里并不是十分受欢迎的人，尽管他总是认真地做必要的准备工作，并且总是试图讲出自己的观点。塞格雷自己会想，这也许是因为讲得太多，或者说话不够策略。

塞格雷还担任过若干研究员资格选择委员会的委员。条件很优秀或很差的候选人都好做决定，只有那些介于两者之间的人选不好取舍，推荐信则在其中扮演了一种重要的角色。其中很重要的一点是，收信人要对写信人有一定的了解，才可理解信的含义。塞格雷的推荐信总是实事求是，为收信人着想，总是尽可能地提供多些信息，包括好的和不好的，以便帮助对方作决定。他之所以这么做，是想让自己的推荐信有一定的分量，而不像爱因斯坦那样，对每一个求他推荐的人都很友好，结果就是他的推荐信不被人们当回事了。费米则不然，他在赞扬人方面总是很吝啬，但因此也显得真诚而可贵。劳伦斯曾对塞格雷的推荐信作过如下评价：“如你所知，塞格雷对人的陈述通常有些保守，但我要说，他的推荐信是一封有分量的推荐信。”（这正是塞格雷想要达到的效果）。

在加州大学伯克利分校，塞格雷一直担任着大多数学术评议会的委员。有些委员会的工作是浪费时间，但也有过有益的体验。1961年至1965年，塞格雷担任预算委员会的评议委员，这是一个优良的机构，也做过很多有益的工作。委员会由五名成员组成，它主管着所有学术方面人员的提拔和委任。该委员会从未出现过草率行事和存在宗派偏见的现象，成员们也都秉承着公正、奉献、刻苦的精神，致力于委员会的工作。所以在很大程度上，加州大学伯克利分校的地位一直是和该委员会的工作分不开的。

塞格雷在物理系也很有影响，系主任们都愿意向他咨询并听取他的意见。塞格雷曾被多次要求担任系主任的职务，但都被他拒绝，因为在当时，如果接受任命就会牺牲很多科研的时间。后来，他于1965年至1967年两年间担任了系主任。

1962年2月，阿瑟·H. 康普顿作为访问学者，同妻子一起来到了伯克利。康普顿是一个伟大的物理学家，在政治迫害时期他也表现得勇敢且充满豪侠之气。他同费米很熟悉，塞格雷曾去听过他的演说。不幸的是，在伯克利期间他得病去世，而他宣布要做的系列演讲还没有做完。合同规定如果未全部完成工作，校务委员会将拒绝支付原先答应的酬金。为了康普顿的妻子能领到酬金，有人建议塞格雷补做一两次演讲，塞格雷欣然答应。

1963年，林琴科学院向塞格雷征求关于多尼甘尼演讲的意见，这个演讲得名于意大利最大的化学公司蒙特卡提尼公司的创立者。

塞格雷想一反过去刻板而文雅的演讲形式，建议举办夏季训练班。这样能带给年轻的学者们以新鲜感，并能学到实际的东西，而且认为物质科学是一个合适的领域。

塞格雷同蒙特卡提尼公司的副总裁路易吉·墨兰蒂讨论这件事的可能性，并草拟了一期训练班的计划。塞格雷虽然在这方面不是专家，但知道该向谁寻求帮助，实际工作开展后，墨兰蒂向他介绍了自己的得力助手安贝托·柯隆布，两人很快成了好朋友。柯隆布后来成为欧洲的一名第一流的科学事业管理人员。塞格雷曾将柯隆布介绍给艾摩的一个不动产代理商朋友，这间接帮助了柯隆布购置了一处房产。

接下来说一下塞格雷在教书、编书和研读科学史方面的事。

1946年后，塞格雷经常讲授核物理学，他使用了很多参考书，如贝特著名的《论文集》、拉赛蒂在费米演讲基础上编写的一本书以及费米本人的一些重要的笔记。但这些书没有一本反映出最新的研究进展并完全适合教学的需要，因此，塞格雷在1958年开始决定自己写一本有关核物理和粒子物理的教科书，这项工作持续了五年之久，《原子核和粒子》这本书至今已被翻译成多种文字，并于1978年重新修订再版。

塞格雷一直对科学史很感兴趣。在小的时候，就看过很多这方面的书；成为一名科学家之后，也涉猎有关物理学史、化学史、数学史方面的书籍。他曾经保留过一些科学史方面的文献，但从意大利邮寄到伯克利的途中，不幸随着班船“安德烈·多丽亚”号的沉没而丢失了。

塞格雷第一次从职业角度接触科学史是在20世纪50年代早期，1960年前后，他开始偶尔做科学史方面的演讲，比如他曾做过萨顿演讲和一系列有关20世纪物理学的演讲。塞格雷把自己比做是中世纪的吟游诗人，因为他们都在反复吟诵自己的东西。这些演讲构成了《从X射线到夸克》一书的雏形，该书于1976年出版，已被翻译成多种语言出版。

1962年4月26日，肯尼迪总统邀请全美所有的诺贝尔奖获得者及一些社会名流赴白宫进餐，塞格雷也在邀请之列。

周游世界是塞格雷一直以来的愿望，直到1962年他才有足够的时间做这件事。当时国务院经常倡导诺贝尔奖获得者旅行，同时在旅行途中作一些演讲。塞格雷提出了申请并被很快批准，旅行经费包括机票和作演讲时每日的补助，演讲主办方是美国新闻处。需要指出的是，塞格雷在演讲时可以畅所欲言，不受任何限制。

这次旅行从1962年9月17日开始，到1963年1月27日结束。塞格雷夫妇访问了很多国家和地区，有日本、中国台湾地区、柬埔寨、泰国、印度、斯里兰卡、尼泊尔、巴基斯坦、伊朗和以色列。

在旅行期间，塞格雷遇到了理论物理学家尤瓦尔·尼曼，他建议塞格雷重视粒子物理中SU3组的重要性，塞格雷曾对此表示怀疑，但事实证明尼曼是正确的。尼曼还邀请塞格雷去特拉维夫大学演讲，之后塞格雷成了该校的一名“董事”，并且于1972年获得了该校授予的荣誉学位。

随着年龄的增长，塞格雷在科学方面的活动力正在减退。他承认，科学是属于年轻人的一种职业。一般来说，实验科学家要比搞纯理论的科学家工作得稍微长一些，就拿他们来说，哪怕在其他方面的能力依然如故，在科研能力方面也要走下坡路。

上了岁数的塞格雷，除了正常的上课之外，他仍然每天都去实验室与他们一起交谈，提出建议或批评，了解他们的研究进程，计算结果或提出一些简单的理论，但再也不亲自做实验了。

1965年12月16日是一个特殊的日子，因为对于劳伦斯伯克利实验室来说是一个命运攸关的转折点。在这一天，美国政府选定了一个新地点，用以建造一个功率强大的加速器，该加速器要为全美国服务。辐射实验室为了取得候选资格，已为该计划付出了几年的时间。当时西博格是原子能委员会的主席，这种情况本来是有利于伯克利的，但最后仍然落选，这个决定很可能是由林登·约翰逊总统基于政治考虑而做出的。这一抉择对伊利诺伊有利，并且在芝加哥附近建立了费米实验室。

这一决定对伯克利来说是一个沉重的打击，也导致了伯克利在物理学研究方面丧失了优越地位。同时，这也是高能实验物理研究走向集中的一个飞跃，当时已集中成为一个国家实验室：费米实验室、斯坦福大学的斯坦福直线加速器中心以及长岛的布鲁克海文实验室。大学中的人员组成了实验室的使用者小组，另外，实验所需的设施成本高昂且结构复杂，取得进步也是自然的，但是对伯克利造成了创伤。

1965年至1968年，塞格雷担任费米实验室的理事之一，由他和其他人一起提名了该实验室的第一任主任R.R.威尔逊。1974年，塞格雷和劳拉·费米共同出席了该实验室的正式落成仪式。

1966年，塞格雷夫妇重访了南美洲，在这次旅行中遇到了后来与他们家结缘的罗莎·玛尼斯，这是他们没有想到过的。罗莎是黎米尼夫妇的朋友，她想移居美国，而且已经从里卡多那里得到了一份态度坚决的保证书。她去塞格雷家里拜访他们，想从他们那里也得到一份宣誓书。塞格雷不大愿意，但埃弗利蒂被她打动了，为她签署了一份支持其移居的宣誓书。几个月后，罗莎到了加利福尼亚，经历了初期的艰难之后，在一家银行找到了一份满意的工作。后来她与埃弗利蒂保持着联络，但不频繁。

1970年，陪伴塞格雷走过三十四个年头的埃弗利蒂去世了，这对塞格雷的打击是极其严重的，以至于他在传记中写下这一段经历时，从心到身仍然是颤抖的。

2. 妻子埃弗利蒂离世

妻子埃弗利蒂的突然离世给了塞格雷极其沉重的打击，以至于他在传记中写到这一段时，情绪比平日更悲伤。1970年，塞格雷六十五岁，那年发生的很多事情让他感到几多幸福，几多悲伤。埃弗利蒂去世后，孩子们的表现让塞格雷很欣慰，他们全都回家陪伴父亲，并对母亲致以深深的怀念和敬意。朋友们的帮助也让塞格雷心怀感激，帮他度过了一段难熬的日子。

在孩子的教育方面，塞格雷认为应该在广泛的意义上教育孩子，给予他们充分的空间，努力让他们独立自主地生活。父子两代人之间是存在代沟的，塞格雷常常对孩子们的决定感到不知所措，他也会结合自己的生活经验和智慧，从孩子的利益出发帮他们出主意，但是他宁愿不影响他们的决定。对于一个有着悠久历史的家族来说，想要做到这一点不容易，但是塞格雷一家是遵循了这一原则的。

1967年，儿子克劳迪奥和伊丽莎白·布莱格曼结婚，两人是通过阿美丽亚认识的，伊丽莎白当时是一名法国大学生。两人婚后生了三个孩子，吉诺、弗朗西斯卡和约尔，一家人住在得克萨斯的阿斯丁，克劳迪奥在那里的大学教历史。

1970年1月，女儿阿美丽亚和她的同学约瑟夫·特克尔结婚，婚后育有两个孩子：阿密尔和维薇安。由于特克尔是以色列人，两人按照犹太人的习俗，在拉法耶特举行了婚礼。特克尔曾在鲁特格尔斯大学学习动物行为，后来在特拉维夫大学任动物学教授，阿美丽亚则是特拉维夫法里动物园的园长。约瑟夫很快就博得了塞格雷夫妇的喜爱。

塞格雷一生都酷爱户外活动，喜欢亲近自然，年轻时爬山，年老时钓鱼和采蘑菇。显然，这种亲近自然的方式随着年龄的增长而发生变化。

1970年7月初，塞格雷夫妇、阿美丽亚夫妇和弗丝塔及她的朋友，结伴乘坐一叶独木舟沿垂尼提—阿尔卑斯河旅行。在那里，他们爬了一段很长的山坡，造访了处于高处异常冰冷的湖泊，并在那里进行了独特的垂钓，他们都喜欢这种宿营旅行。那是一段美好的时光，他们希望下一次还能这样结伴旅行。

1970年的晚些时候，塞格雷夫妇去了意大利，出席他先前答应过的在科莫湖举办的多尼甘尼讲习班。之后去了佛罗伦萨，当时还盘算着等到两三年退休后去佛罗伦萨定居。还制订了一个旅行计划，即先游览大萨索山（亚平宁山脉的最高峰，在特尔莫的一边），然后去罗马。10月15日，他们访问了诗人列奥帕第在雷卡那提的故居，晚上到达特尔莫。

当天夜里，陪伴了塞格雷三十四年的埃弗利蒂在熟睡中与世长辞。

四五位好友闻讯赶来，在罗马举行了一个平静的仪式。埃弗利蒂被葬在了特尔莫，从墓地上可以看见大萨索山。

埃弗利蒂的去世对塞格雷的打击是巨大的，他的心情悲伤低落到了极点，回想那段悲苦时期，他甚至无法描述他曾经历过的创伤。后来他的女婿特克尔曾对他说过一句话："您必须记住，您就好比是一个做过截肢大手术的人；一条腿从腹股沟处截去了，其他地方也已经受到了很大损伤。"在塞格雷最悲伤的时期，孩子和朋友们给了他很大的帮助，帮助他从这种痛苦的阴影里走出来。

孩子们的表现让塞格雷很欣慰。回到拉法耶特的家中后，所有的孩子都怀着悲伤的心情赶了过来。塞格雷想：如果是埃弗利蒂还活着，看到这个场面后她也会为自己付出后收到的回报感到骄傲。孩子们的一封信充满了对母亲的怀念和崇敬之情，这是他们为了答复朋友们的吊慰而写的，内容如下：

许许多多事情让我们想起母亲，但其中大多数使我们仿佛又看到她在花园里劳作，在插栽或移植，在浇水或剪枝，或者仅仅在为一株摇晃的植物而担心。家园四周，春去秋来，一年一度，总有她花园里结出的果实：玫瑰、非洲紫罗兰、喜林芋、倒挂金钟、小无花果树、薰衣草，还有那一小块地里的西红柿，以及在每一个角落里开放着的无数花朵和各种灌木。我们常常惊叹她是怎样随时关照这一切的。我们也曾自问，她自己是否知道她的花园延伸得有多远。

今天她已经溘然长逝，我们的惊叹就更多了。我们这些孩子已不在一处，但现在回到家里，在我们真正认识到母亲的花园延伸得有多远的时候，不得不强颜一笑。当认识到妈妈是多么牢固地按照她的方式培养了我们的时候，我们也强颜欢笑：是她教我们怎样摆桌子，怎样烧烤意大利式的节日糕点，养成了我们殷勤好客的习惯。当我们再一次返回各自家中的时候，我们会惊叹，妈妈培花育苗的园丁精神，自己继承下来多少。我们会扪心自问，我们能否真正看到她花园的全部。

克劳迪奥，阿美丽亚，弗丝塔

从这封信中可以看出，埃弗利蒂在养育孩子上面付出了很多心血，也很用心思，是个称职的好母亲。孩子们对母亲的怀念饱含着深情，字里行间透着对母亲的深切怀念和感激，这也证明了埃弗利蒂是个成功的母亲，因为在她的培育下，孩子们都有着良好的素质。塞格雷和埃弗利蒂都应该对此感到欣慰。

孩子们给了塞格雷很多的正面力量。当时阿美丽亚住在洛杉矶，弗丝塔住在圣巴巴拉，因此塞格雷可以在周末去她们家里。克劳迪奥住在得克萨斯，如果是短期探望，相对来说有点远。

塞格雷的医生也在努力使他从精神和身体上都恢复正常，走入正轨。

朋友们也在努力地帮助他走出伤痛。他的老朋友也是同事的卡尔·赫尔姆霍兹夫妇也住在拉法耶特，与塞格雷家离得很近，会请他晚上到他们那里去睡。塞格雷受到了得体而热情的招待，他为此心存深深的感激。

外人的帮助是一方面，更重要的是要自救，要自己能够走出来。塞格雷曾与同他有着相似伤痛的人交谈，他自己也觉得，工作是走出苦难深渊的最好办法。但他不知道自己能做什么，他清楚自己的状态根本不适合从事创造性的科研工作。也有人建议他去某些退休活动中心寻找伙伴。

当他在寻求某种支撑他重新生活的支柱时，他得到了意外的帮助。芝加哥大学的乌戈·范诺代表该校邀请塞格雷去作一个系列的演讲，题目自定。起初塞格雷认为自己担不了此任，但在乌戈和劳拉·费米的坚持下，他接受了邀请。他在芝加哥待了几个星期，决定作关于现代物理学历史的一个系列演讲。他慢慢记录下自己演讲的内容，并形成了一份讲义，这份讲义还可以用到一本书中去。这件事让他忙碌起来，对他从阴霾里走出来很有益处。

1972年，也就是埃弗利蒂去世两年后，一个叫罗莎的女人走进了塞格雷的世界。

3. 与罗莎在一起的日子

埃弗利蒂去世以后，很多朋友写信表示吊慰，罗莎·玛尼斯是其中的一个。在他的传记中，塞格雷并没有详细记述他们是如何开始并走到一起的。1972年2月12日，塞格雷与罗莎·玛尼斯结婚了。

当时塞格雷已经六十七岁了，而罗莎还很年轻，他们两人有着完全不同的生活经历，也许塞格雷自己也很难对这种结合解释清楚。在罗莎看来，这也许需要超出塞格雷的心理学知识来剖析。

但两人的结合带给塞格雷很多愉快的时光，也能帮助他更快地走出伤痛，重塑自己的生活。1972年7月，距离两人结婚已有五个月，此时塞格雷在伯克利到了必须退休的年龄。在举行仪式上，塞格雷向众人致答谢词，他在最后说道："罗莎已经向我表明，有时候，一棵曾经被闪电击中过的树也能发出生命的新芽，在晚秋就像是在春天一样。”从这里也能看出，这段婚姻帮助塞格雷建立了重新生活的勇气。

在很长一段时间里，塞格雷对于是否该返回意大利充满矛盾。一方面想离开拉法耶特，因为这里与过去有太多的联系，很容易想起伤心的往事；但另一方面，返回意大利也并不是很好决定的一件事。其实塞格雷也很想回到意大利去，而且多年以来，意大利的朋友和同事就曾建议他重返意大利的学术圈子。他对这种邀请很感激，但由于美国的工作条件相较于意大利要好很多，所以他就没有接受邀请。当然还有另外的一些原因，意大利的亲人们在战争期间遭受的非人待遇以及美国在危难时期肯收留他，他也在美国重建了自己的生活和事业，美国给过他及他的一家很多恩惠，而且从未在哪方面有过歧视，所有这些也使得塞格雷难以下定决心离开美国。当然对于战争期间，所有帮助过他家人的人，塞格雷都表示深深的谢意。

其实塞格雷是喜欢在意大利执教的，尤其是在战后的前几年里，塞格雷试图通过科学方面的联系等各种方式来帮助这个国家重建。但当时还没有允许外国公民担当重任或教授的相关规定，为了不影响美国公民的身份，同朋友们讨论过这个问题之后，塞格雷决定先在林琴科学院任职。

1972年11月，作为第一步，塞格雷在林琴科学院开始讲为期六个月的现代物理学课程。除了学生之外，许多老朋友和熟人也来听塞格雷的课，听他课的人大部分都是出于兴趣。当时正值学生骚乱时期，远离大学倒是一件好事，而且去听课的人也都不想闹事惹麻烦。

在台伯河北岸的塔斯特维里的生活是愉快的，唯一的不足之处是交通情况很糟糕。塞格雷在此停留还有其他原因。这是罗莎第一次来欧洲，而且塞格雷热切地想把罗莎介绍给他的意大利朋友，并让她更多地了解意大利。在罗马的那段时间，他们常去各种地方旅游，且每到一处都能受到老朋友的热烈欢迎。对于罗莎来说，她可以更真切地感受意大利人的行为方式，这与她之前了解的北美和拉丁美洲人的行为方式都不同。

后来意大利的法律有了变化，使得外国公民在意大利的大学里供职成为可能。当时罗马并没空缺的物理学职位，议会诉诸感情通过了一项法令，为塞格雷特别设立了一个职位，在他退休后再将该职位取消。不幸的是，克服各种障碍花费了时间，塞格雷在这个职位上做了一年便到了退休年龄。

1974年11月，塞格雷返回罗马教授原子核物理学，那时罗马大学的状况很不好。当时多数的教授都热衷于一些与大学目标相去甚远的东西，学校的氛围一片混乱。塞格雷很想做点什么改变现状，但他有心无力。在那里他遇到了之前的很多老朋友，同事和学生们对他很友好也很尊敬。

罗莎在努力学习意大利语，而且进步很快。在罗马，他们结识了几个亲密的朋友，如当时最好的律师之一塞萨若·图迈迪，还有普林斯·施瓦茨伯格夫妇、律师西革诺·巴蒙提、比格纳米医生以及时任梵蒂冈图书馆馆长的蒙西格诺里·斯蒂凯，等等。他们会开心地聚在一起交谈或者外出旅游。

塞格雷时常到蒂沃利附近去洗硫黄水浴，这是他小时候做过的事。他对童年时期的很多地方进行朝圣般的回访，但早已物是人非。故地重游，常常让他产生很多童年和青年时期的幻影，总是能勾起他的很多回忆。

到了意大利规定的退休年龄之后，塞格雷又回到了拉法耶特。

4. 世界公民

经历过两次两败俱伤的自杀性战争之后，欧洲受到了重创，一时难以恢复到战前的样子。在塞格雷看来，意大利的衰败对他而言尤其强烈，而且他认为意大利大学水平的退化是永久性的。虽然在生活状况方面，意大利仍然是一个令人愉快的国度，但塞格雷觉得相比之下美国比欧洲更富有生气。这当然没有抑此扬彼的意思，也没有说美国体现了更多的智慧和一种更优越的文明。塞格雷觉得自己是一个世界公民，像爱因斯坦那样，爱因斯坦直至生命终结，都觉得自己是“世界公民”，塞格雷对此持有最大尊重。

科学家有祖国，但科学没有国界。特殊的时代背景下造就的一批科学家，他们往往为逃避战乱和迫害而远离家乡故土，远涉重洋在异国他乡扎根、重建生活和事业，仿佛这是第二个故乡。科学是没有国界的，科学成果是为了造福全人类而不是某一个国家，一些科学上的决策如原子弹和氢弹的制造计划，也会影响全人类。所以，将自己看作是一名“世界公民”是一名科学家应有的正确的态度，也是需要很多人学习的。不只是科学家们，地球村的每一个人都应树立这种观念，要让自己有一种大视野、大胸怀，放眼宇内，约束自己的行为。

1981年，塞格雷七十六岁，这一年他在老朋友朱佩塞·奥奇亚里尼的陪伴下实现了自己一个多年的愿望——徒步游览托斯卡纳。

奥奇亚里尼在托斯卡纳有一处地产，他在那里种上了不同的树来纪念已逝的朋友，其中一棵是纪念洛伦索·艾摩的，他是两人的亲密朋友。

对于这个小城镇而言，如果坐着小轿车观赏就会错过很多美景，所以他们决定在旅行中仅乘坐火车或公共交通工具，当然在观赏途中主要依靠步行。步行时可以穿越狭窄的小路，能够更好地感受到自然风光，而走大路会破坏景致的魅力。他们走访了很多地方，边徒步旅行，边谈论着有意思的话题，住朴素的小旅馆，享受家居般的气氛和食物。奥奇亚里尼是个富有想法、充满新意而且很有趣的人，同他的交谈令人很愉快。

在旅行途中，他们还遇到了一件有意思的事。有一天，他们想去一座城堡，便向一些年老的妇女问路，当时她们正坐在自家门前在太阳底下做针线活儿。她们指了路，还提醒他们路程很远，劝说像他们这样年纪的人最好不要鲁莽行事。他们告诉她们不必担心，约一个小时后他们到达了城堡。返回途中他们想向那些妇人炫耀一下时，却发现人都不见了。此时他们会不会有些失望呢？

1979年写《从落体到无线电波》一书时，塞格雷用了一章写法拉第，而且他还去访问了皇家学院、法拉第的故居以及实验室。给他印象最深刻的是，凡是与法拉第有关的所有东西都得到了很好的保护和展示。在他住过的房间里，人们可以看到他用过的桌子和家具，以及作演讲的房间和仪器。这种情景仿佛让人看到在房间的某处，房主正在做着实验，这里充满了科学的气氛。

能去皇家学院演讲是一个很高的荣誉。关于皇家学院，塞格雷早期的荷兰导师皮埃特·塞曼曾向他描述过那里的各种仪式，塞曼曾在那里做过一次演讲。演讲开始前，演讲者要被锁在一间小屋子里，是为了防止他在惊恐中逃走，这种事在1846年查尔斯·惠斯通作演讲时发生过一次。演讲的开始时间是晚上8点，仅允许有几秒钟的延迟，时长为一个小时，可以提前或延缓一分钟结束。听众不允许做笔记，演讲者至少要做一个实验。演讲结束后，会给演讲者一杯威士忌酒，以便恢复状态。

1982年5月，塞格雷去了皇家学院作了演讲，此时的他比当年在塞曼作演讲时仅大了一岁，整个过程完全是按照塞曼1906年所遵循的那些仪式进行的。

1982年，塞格雷七十七岁，这一年他采取了独特的方式庆祝了这次生日——观览切利峡谷。

锝元素发现后被广泛应用于医学用途，锝的发现者塞格雷也因此在核医学专家中享有了一定的名声，他有了出席各种会议的机会，并在会议上作有关核医学方面的演讲，他还是核医学学会及美国核医生协会等协会的荣誉会员。1982年1月底，美国核医生协会在亚利桑那的图森召开了一次会议，并邀请塞格雷在此次会议上作演讲，他欣然接受了邀请。讽刺的是，那些核医生的生活方式与塞格雷的比起来，简直是奢侈多了。

会议结束后，他们去了图森游览，参观了索诺拉的沙漠博物馆。对亚利桑那又作了一番考察后，塞格雷想借此机会完成自己看切利峡谷的愿望，他在1939年时想去但没有成行。

当时的天气很恶劣，但是塞格雷决心去看，途中曾搭载一对快要冻僵的印第安母女。最后塞格雷如愿看到了切利峡谷，那里的景色很美，向下望的时候可以看到谷底的一些农田、木屋还有山头。那年的那个时节，印第安遗迹那里没有来访者，他们可以自由地漫步，欣赏刻在岩石上的文字或图像。这个地方有流淌的小河，还有大片的黑杨树，因此更富有诗意。从一件事上就可以看出塞格雷的身体状况是很好的，为了看到印第安遗迹，需要穿过一条结了冰的小河，已七十七岁高龄的塞格雷毫不犹豫地脱下了鞋袜，卷起裤腿就迈进了河里，而一旁的罗莎犹豫了一下之后照做了。塞格雷觉得这是一种极好的庆祝他七十七岁生日的方式。

塞格雷是一个伟大的物理学家，他的一生中经历了很多事情，曾东奔西走，为了生活到处谋出路，也曾经历过悲痛的生离死别。这些事情印刻在了他的脑海里，但他依然积极乐观地面对生活。在科学事业中，他孜孜以求并取得了丰硕的成果；在家庭生活中，他是一个好儿子、好兄弟，是一个负责任的丈夫，也是一个尽职的好父亲；对待朋友，他真诚相交，滴水之恩常铭记在心，常怀感恩且乐于助人；对待同事及平日的人际交往中，他为人性情平和且善良，多包容鲜少发生冲突之事，每到一处，总能营造良好的人际氛围，并结交几个一生的挚友。他身上的很多特质都值得我们学习。

1989年，这个八十四年前出生于蒂沃利的老人永远地离开了这个世界，终止了他挚爱的物理学事业。

附录

塞格雷生平

埃米里奥·塞格雷是美国著名的原子物理和原子核物理学家、反质子的实验发现者之一，1905年2月1日出生于意大利首都罗马的蒂沃利的一个西班牙系犹太人家庭，其父是一位产业家。

埃米里奥·吉诺·塞格雷早年在罗马大学学习工程学，1927年转向物理学，并于1928年在恩利克·费米的指导下获得博士学位。1928至1929年服兵役，随后他获得洛克菲勒研究经费，先后在汉堡同奥托·斯特恩、在阿姆斯特丹同彼得·塞曼一起搞科研。

1932至1936年在罗马大学担任物理学副教授。1936至1938年在帕勒莫大学担任物理实验室主任。1938年塞格雷到美国加州访问，此时墨索里尼在国内通过了《排犹法令》，于是塞格雷无法再回到意大利，欧内斯特·劳伦斯给了他一份在劳伦斯放射实验室（隶属于加州大学伯克利分校）担任助理研究员的工作，同时他又在加州大学伯克利分校担任讲师。在伯克利期间，他发现了砹和同位素钚-239，1943至1946年他在洛斯阿拉莫斯实验室担任曼哈顿项目的小组组长，1944年获得美国国籍。既而他先后在哥伦比亚大学、伊利诺伊大学、里约热内卢大学任教。1946年他回到加州大学伯克利分校，担任物理学和科学史教授直至1972年，是著名的华裔物理学家吴健雄的导师。1970年塞格雷出版了《恩利克·费米传记》。1974年他回到罗马大学任核物理学教授。1989年塞格雷因心脏病发作去世，结束了他辉煌的一生。

获奖时代背景

1928年，狄拉克创立了相对论量子力学，很自然地解释了电子的自旋性质，并预言了正电子（与电子质量相同、电荷相反的粒子）的存在。

1932年，卡尔·大卫·安德森发现了正电子，这使得人们更加相信质子也应该有一个镜像粒子——反质子。塞格雷与欧文·张伯伦同为劳伦斯放射实验室的一个研究小组的组长，为了寻找反质子，1953年，加州大学伯克利分校的物理学家们建成了一台的能量为6.2GeV的高能质子同步稳相加速器。

塞格雷—张伯伦实验小组用这台高能质子同步稳相加速器把能量为6.2GeV的质子射在铜靶上，产生了反质子。

应当指出，由于出射束中的大部分粒子是质子、中子和介子，要从这么多的粒子中检测出反质子，需要相当高明的实验技巧。理论所预言的反质子的负电荷可以通过它在磁场中的偏转来验证，但要确定它的质量，至少必须对同一粒子测量两个独立的量：动量与能量或速度与射程。这个测量是利用磁装置和40英尺远处的切伦科夫速度选择计数来进行的。

在照相乳胶中，由反质子轰击原子核所产生的爆炸蜕变的“星”形径迹证实了反质子的存在。这种从包含着许多其他粒子的出射束中辨别出极其稀少的反质子的高超实验技巧是张伯伦和塞格雷成功的标志。在用磁学方法分析的出射束中，三万个粒子中只有一个反质子。在可接受的极限误差范围内，找到了四十个反质子事件以后，人们就认为反质子被发现了。

埃米里奥·塞格雷与欧文·张伯伦共同荣获1959年的诺贝尔物理学奖。

塞格雷年表

1905年2月1日，塞格雷出生于蒂沃利。

1908年，塞格雷开始有了最早的记忆。

1915年，塞格雷患上了严重的猩红热而且并发了肾炎，后被治愈。

1917年，塞格雷一家从蒂沃利搬到罗马，并开始读中学。

1922年7月，塞格雷从高中毕业，被大学工程系录取。

1927年，母亲送给塞格雷一辆509型菲亚特汽车。

1927年春天，塞格雷认识了F.拉赛蒂。

5月底，塞格雷、恩里柯和拉赛蒂去了阿布鲁齐的卡斯特尔山，之后不久便认识了费米。

7月底，塞格雷和拉赛蒂去了意大利中部，沿着利里河峡谷步行到了佩佐达塔山。

夏天，塞格雷和朋友去了阿尔卑斯山脉的海伦斯山。

8月4日，攀登马特宏山。

9月，去科莫参加纪念伏特逝世一百周年国际物理学大会，之后不久转到了物理系。

1928年7月4日，获得博士学位，之后开始服兵役。

1928年，与阿玛尔迪合作发表了人生中的第一篇论文。

1929年1月11日，从军官学校毕业后回到实验室工作。

1930年2月15日，作为中尉退役，列入后备役。

7月1日，被任命为防空炮兵部队的少尉。

11月，塞格雷给《自然》寄了一篇论文，是完全由他自己思考并完成的第一篇有价值的论文。

1931年夏初，来到阿姆斯特丹的塞曼实验室。

暑假，第一次去伦敦。

1931年底，去汉堡的奥托·斯特恩的实验室，并在此期间结交了一个女朋友。

1932年10月31日，塞格雷第一次参加了大学教授的职位竞争。

1933年夏，第一次访问美国。

1934年初，遇见了未来的妻子埃弗利蒂·斯皮洛。

11月，发现了慢中子。

1935年5月，去荷兰参加塞曼的退休仪式。

1935年夏，再次陪同费米访美。

10月底，获知得到了巴勒莫大学的教授职位。

11月16日，从美国返回意大利。

1936年2月2日，与埃弗利蒂在罗马结婚。

7月2日，塞格雷夫妇访美。

10月10日，回到巴勒莫。

1937年3月2日，儿子克劳迪奥出生。

1937年参加哥本哈根物理学会议，之后不久又去波洛尼亚参加了纪念伽伐尼200周年诞辰的会议。

1937年秋，回到巴勒莫后，和佩里埃重新研究43号元素。

1938年6月25日，独自去了美国，7月13日到达纽约。

9月14日，向《物理学评论》杂志写信报告自己的发现，10月14日再次送交。

10月上旬，与埃弗利蒂在美国团圆。

11月16日，解决了签证问题。

11月29日，庆祝了在美国度过的第一个感恩节。

1939年2月2日，庆祝了父亲的八十岁寿辰。

7月，劳伦斯削减薪水。

1940年5月，去了图尔萨。

1940夏，普渡大学物理系主任卡尔·拉克·霍洛维茨访问伯克利。

1940年秋，塞格雷一家乘火车前往印第安纳州的西拉斐特市。

1941年3月1日前后，用中子对铀进行大规模轰击，以制备出一个较大质量的Pu239试样，4月份制出第一个较厚试样，用于初步粗测，5月使用离析法得到了精确的结果。

5月25日，塞格雷、西博格、肯尼迪和劳伦斯联名写信给美国政府铀咨询委员会报告成果。

1941年初，在伯克利的斯普鲁斯大街1617号买了一幢房子。

1941年11月，随着美国参战，所有正规通信联系均中断。

12月7日，获知轰炸珍珠港的新闻。

1942年11月9日，第一个女儿阿美丽亚出生。

1943年3月，初次去洛斯阿拉莫斯。

6月，举家乘汽车搬到了洛斯阿拉莫斯。

1944年6月，同盟国进入罗马后，塞格雷得到了父母亲的消息。

1945年春天，原子弹项目到了最后的冲刺阶段。

5月7日，进行预备实验。

7月14日，一切就绪，正式引爆。

11月7日，第二个女儿弗丝塔出生。

1946年1月中旬，离开洛斯阿拉莫斯。

1945年7月1日，伯克利对塞格雷的任命开始生效，1946年春天开始到职。

1947年夏天，独自去意大利。

1948年，一直待在伯克利。

1949年，由于SCT的问题需要塞格雷到意大利去，全家回到了意大利。

9月，出席了在巴塞尔召开的国际物理学大会。

1951年底，国际商用机器公司建议塞格雷担任该公司计划建立的科学实验室的主任。

1953年，参加了在新罕布什尔的拉科尼亚召开的戈登会议。

1954年7月，去巴西里约热内卢访问。

10月8日，返回伯克利。

11月29日，费米去世。

1955年，从伯克利搬到了拉法耶特。

1955年8月25日，启动了反质子的探测工作，10月1日结束的质谱仪实验证明了反质子的存在。

1956年春天，去莫斯科参加一个国际科学大会。

1958年7月，去日内瓦参加一个在欧洲原子核研究组织召开的国际科学会议。

8月27日，劳伦斯去世。

9月底，去德国威斯巴登接受霍夫曼奖章。

1958年，塞格雷以古根海姆基金研究员的身份，在罗马度过了一段时间。

1959年1月19日，巴勒莫大学授予塞格雷一个荣誉学位。

2月份，应邀访问玻尔研究所。

2月16日，应W.詹奇柯之邀在汉堡作了一次演讲，又在斯特恩研究所讲了话。

3月，返回意大利，出席一个为SCT的老雇员颁奖的仪式。

1959年12月，与张伯伦共同获得当年的诺贝尔物理学奖。

1960年3月，在伯克利作了学术研究演讲。

秋天，洛克菲勒基金会邀请塞格雷到尼日利亚去，参加这个国家定于10月1日举行的独立庆典。

1961—1965年，担任加州大学伯克利分校预算委员会的成员。

1965—1967年，担任物理系系主任。

1960年前后，开始偶尔做科学史方面的演讲。

1962年4月29日，赴白宫与肯尼迪总统共同进餐。

1965—1968年，任费米实验室的理事之一。

1966年，与埃弗利蒂再次访问南美洲。

1972年，获得了特拉维夫大学授予的荣誉学位。

1970年10月15日，埃弗利蒂去世。

1972年2月12日，与罗莎·玛尼斯结婚。

1972年11月，开始在罗马的林琴科学院讲授为期六个月的现代物理学课程。

1974年，返回罗马大学教原子核物理学。

1982年5月，去皇家学院作演讲。

1989年4月22日，埃米里奥·塞格雷与世长辞。

获奖当年世界大事记

（1959年）

1月1日，古巴共产党取得内战胜利，建立古巴共和国。乌鲁蒂亚任总统，菲德尔·卡斯特罗任武装部队司令。

1月2日，苏联发射的世界上第一个月球探测器“月球-1号”从月球旁飞过进入绕日轨道。

1月3日，阿拉斯加州加入美国。

1月6日，国际海事组织成立。

1月7日，美国承认菲德尔·卡斯特罗在古巴的政权。

1月8日，戴高乐就任法国总统。

1月13日，国际海事组织的前身政府间海事组织在英国伦敦正式成立。

2月3日，中国政府同越南社会主义共和国在北京签订协议，开始大量援助越南。

2月4日，中国与苏丹建交。

2月7日，中苏经济合作协定签订。

2月16日，马卡里奥斯当选为塞浦路斯第一任总统。

2月16日，菲德尔·卡斯特罗正式成为古巴首领。

2月19日，英国承认塞浦路斯独立。

6月3日，新加坡颁布新宪法——结束其英国直辖殖民地的地位。

7月24日，赫鲁晓夫和尼克松展开厨房辩论。

9月12日，月球2号发射，成为首枚成功撞击月球的探测器。

9月15日，苏联月球2号探索器发送第一幅月球背面的照片。

10月21日，日本自民党顾问松村谦三访华。

11月20日，英国“小自由贸易区”正式建立。

12月1日，《南极条约》被12个国家签署。